КАК СТАТЬ УСПЕШ... ...М:
НОВЫЕ РУС...

А.В. Голубева, М.И. Сероштан

КАРТИНКИ С ВЫСТАВКИ

Санкт-Петербург
«Златоуст»

2021

УДК 811.161.1

Голубева, А.В.
Картинки с выставки / Анна Голубева, Маргарита Сероштан. — Санкт-Петербург: Златоуст, 2021. — 84 с. — (Как стать успешным и счастливым: новые русские истории). — Текст: непосредственный.

Golubeva, A.V.
Pictures from the exhibition. — / Anna Golubeva, Margarita Seroshtan. — St. Petersburg: Zlatoust, 2021. — 84 p. — (How to become successful and happy: new Russian stories). — Text: unmediated.

ISBN 978-5-907493-29-2

Гл. редактор: к. ф. н. *А.В. Голубева*
Редактор: *А.В. Гурина*
Корректор: *О.М. Федотова*
Оригинал-макет: *Е.А. Рыкова*
Обложка: *А.В. Гурина, Canva.com*

Серия разработана для изучающих русский язык как второй / иностранный на уровнях А2 и В1. Её героями стали представители самых разных профессий, живущие в России XXI века. Серия предназначена для экстенсивного ознакомительного домашнего чтения. Каждый выпуск посвящён одной из профессиональных сфер и содержит адаптированные тексты на документальной основе с иллюстрациями, страноведческими комментариями и вопросами на понимание общего содержания.

© Голубева А.В. (обработка текста, комментарии),
 Сероштан, М.И. (вопросы), 2021
© ООО Центр «Златоуст» (редакционно-издательское оформление, издание, лицензионные права), 2021

Подготовка оригинал-макета: издательство «Златоуст».
Подписано в печать 15.09.21. Формат 60×90/16. Печ. л. 5,25. Печать офсетная.
Тираж 1000 экз. Заказ № 14464.
Код продукции: ОК 005-93-953005.

Санитарно-эпидемиологическое заключение на продукцию издательства Государственной СЭС РФ № 78.01.07.953.П.011312.06.10 от 30.06.2010 г.

Издательство «Златоуст»: 197101, Санкт-Петербург, Каменноостровский пр., д. 24в, пом. 1-Н. Тел.: (+7-812) 346-06-68, 703-11-75; e-mail: sales@zlat.spb.ru; http://www.zlat.spb.ru. Интернет-магазин издательства: www.zlatoust.store

Отпечатано в ИП Келлер Т.Ю.
194044, Россия, Санкт-Петербург, ул. Менделеевская, 9.
Тел.: (812) 603 25 25; www.lubavich.spb.ru

Кто же не хочет стать успешным и счастливым? Хотят многие, а вот удаётся это не всем. Книжки с советами о том, как стать успешным и счастливым, выходят огромными тиражами, их читают миллионы людей.

В нашей серии книжек не будет советов, не будет готовых ответов, а будут истории, которые рассказали о себе самые разные люди. Мы собрали рассказы и интервью о людях, рядом с которыми мы живём и которые нам самим очень нравятся.

Вы прочитаете истории о наших современниках, которые сегодня успешно живут и работают в России. Среди наших героев будут музыканты и блогеры, инженеры и учёные, художники и предприниматели, спортсмены и модельеры, шеф-повара и просто родители. Вы познакомитесь с совсем молодыми людьми и уже зрелыми, очень известными и не очень. Каждый из героев выбрал в этой жизни свой неповторимый путь, каждый решал на этом пути свои проблемы и у каждого получилась своя счастливая история.

Мы хотели бы, чтобы наши истории помогли вам самим решить, как стать успешным и счастливым именно вам. И, конечно, мы надеемся, что наши книжки помогут вам лучше говорить по-русски и понимать русских.

Желаем вам успеха!

Авторы

«ТВОРЧЕСТВО — ЭТО ЭЙФОРИЯ»

Леся Поплавская — молодая талантливая художница и иллюстратор из Краснодара. Свой стиль Леся называет «концептуальным портретом». Свои работы Леся выкладывает в Инстаграм и создает видео-уроки на своем канале YouTube, у которого больше 100 тысяч подписчиков. Издательство «МИФ» взяло у Леси интервью для своего блога о том, как она создает картины, какими материалами пользуется, чем вдохновляется, какие книги читает.

— Леся, расскажи про себя немного. Как ты стала художницей?

— Я, как и многие, рисовала с детства, — здесь ничего нового :) И могу смело сказать, что стать художником было мечтой моей жизни, она меня практически никогда не оставляла, за исключением переходного возраста, когда ты находишься в состоянии или: «Хочу пробовать всё и сразу», или: «Не хочу ничего».

Я пробовала всё и сразу :) Там было и плавание, и вокал, и графомания, и стихи, — одним словом, много чего!

Я сразу поступила в художественный институт на направление графического дизайна, но рисовала слабо. В один момент ко мне даже стали приходить мысли, что дизайн — это не моё. Хотя мне нравились все проекты, которые мы делали, долгим моим увлечением стали цифровая графика и живопись, **я с планшетом на «ты»**, но рисовать по программе мне не хотелось. Я поняла, что мне очень скучно изучать академический рисунок и живопись, и стала рисовать дома самостоятельно. Так и пришла к своему стилю)

— Ты — фрилансер? Или где-то работаешь? Расскажи про свои проекты.

— В сфере дизайна я так и не реализовалась, мне казалось всё безумно скучным, однообразным. Я понимала, что в компании, в которых я хочу себя попробовать, мне никогда не попасть. **Замкнутый круг**: мало опыта, не берём, чтобы его получить, нужно, чтоб взяли; а проекты, которые мне

Леся Поплавская «Night Secret»
https://mpmart.ru/upload/medialibrary/c47/c47329128f96d21989b8115ff4010aca.jpg

Картинки с выставки • 5

предлагали, были похожи на то, что потом просто лежит под ногами у прохожих, потому что мало кому интересно. Я так не хотела.

В итоге я просто решилась однажды: буду развиваться самостоятельно. И здесь нужно сразу отметить:

Творчество — это прежде всего не ярко и круто, это огромный труд, и без поддержки любимых людей я бы никогда на такое не решилась.

Сейчас я беру только интересные мне проекты, и в первую очередь это не заработок, это эйфория)

— Какое место занимает творчество в твоей жизни? Как много часов ты ему посвящаешь?

— Я отдаю творчеству всё своё свободное время, кроме выходных. Стараюсь в выходные дни отдыхать. Это обязательно. У меня множество идей, которые я потихоньку стараюсь реализовывать. Есть несколько амплуа, в которых мне безумно интересно себя попробовать, одно из таких — педагог.

— Как рождаются идеи для твоих работ?

— Идеи почти всегда идут от цвета. Например, в последние полгода я отдаю предпочтение тёплым краскам. Я ищу исходные данные о цвете, об истории его появления. Например, **киноварь**, она же вермилион, цвет, без которого не обходится ни одна моя работа, изначально назывался «Драконова кровь» — как тут не вдохновиться?!

Я стараюсь уйти от совсем банального понимания и не бегу рисовать драконов киноварью, а ищу подтекст. Драконы какие? Могучие, сильные, загадочные. И я переношу эти состояния на своих героинь) Так и происходит. Иногда мне просто нравится объект. Например, тыква. Я беру её цвет за основу и рисую что-то тёплое и эмоционально спокойное. Звучит странно, но обычно так и выходит.

— В какой момент жизни ты нарисовала самые красивые картины? Кстати, сколько всего их у тебя в данный момент?

Леся Поплавская
*https://www.
instagram.com/p/
ClysOSolHOv/?hl=ru*

— Осень – для меня самое продуктивное время года. У меня происходит взрыв энергии и желание творить) Осень 2016 года дала **кучу** крутых работ. По крайней мере, если верить статистике моих соцсетей и мнению моих друзей) Вот пока вы не спросили, не думала о количестве. Зашла сейчас в папку со своими работами – показало 133 файла. Из них **порядка 30** даже работами назвать трудно. А те, которыми горжусь, **по пальцам пересчитать** можно.

— **Что тебе нравится рисовать больше всего? Какая у тебя любимая часть творческого процесса?**

— Любимая часть процесса – это белый лист. Я его никогда не боялась, кстати, меня, наоборот, это очень вдохновляет. Ну и первые слои. А вот если брать часть лица в портрете – то это, конечно, глаза. Они показывают всё. А ещё цвет и свет. Они делают характер и настроение работы.

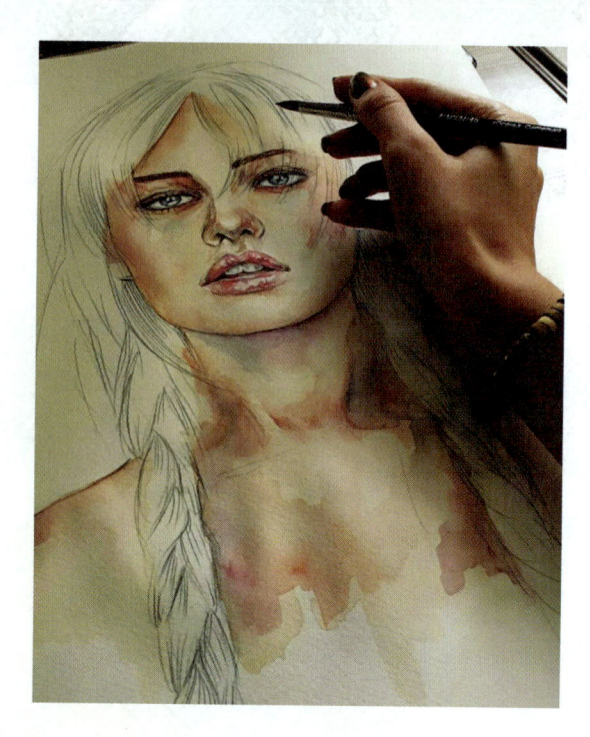

Леся Поплавская
*https://pbs.twimg.
com/media/
DAqjsVjXUAUnAWj.jpg*

— Какие материалы ты используешь для своих работ? Какие инструменты ты можешь рекомендовать?

— Я параллельно еще и блогер, поэтому мне удаётся довольно часто **тестировать новые марки и продукты**. Я **обожаю** это делать. И стараюсь не использовать только одни бренды или ценовую категорию. Хорошие и плохие продукты есть как в **масс-маркете**, так и в **профессиональных линейках**. Работаю предпочтительно акварелью, но иногда пробую **миксед-медиа** и простые наброски карандашом.

Из любимых марок на века – только один бренд, это бумага Fabriano. Я рисовала на этой бумаге еще в институте. Из кистей – вечная Roubloff 1012 номер 5. Стоит копейки, качество получше многих **топовых**, на мой взгляд) Любимой марки акварели у меня нет. Я всегда готова тестировать что-то новое.

Микалоюс Константинас Чюрлёнис «Сотворение мира X». 1905–1906 гг., Варшава
http://toroo.ru/img55/M10.jpg

— Поделись, пожалуйста, своими лайфхаками. То, что поможет делать интересные картины и не требует много времени. Или, может быть, что-то для вдохновения.

— Ох, как же все любят лайфаки и хитрости) Самым главным открытием 2017 года для меня стал «коричневый без коричневых красок» – в жанре портрета этот оттенок очень важен. Я перепробовала кучу оттенков. Любимое сочетание: **прусский синий и вермилион, виридоновая зелёная и кадмий красный**. Этим сочетанием можно нарисовать абсолютно любой портрет. Для тёмной кожи подключаем ультрамарин, и вперёд!

— Чьими работами ты сама вдохновляешься? На страницы каких художников заходишь регулярно? Работы чьих авторов – среди современников и классиков – тебя вдохновляют?

— Я обожаю творчество **Чюрлёниса**. Просто **дух захватывает** от его чувства света и цвета. Успокаивают произведения **Борисова-Мусатова**, люблю динамику работ **Бакста**. Из современных слежу за топовыми акварелистами в Инстаграме и на других площадках. Их очень много, называть можно до бесконечности. Но любимым был и остаётся **Дима Ребус**. Он гениален, на мой взгляд.

— Как ты вырабатывала свой стиль? Как бы ты его охарактеризовала? В чём его особенности? И как ты его развиваешь?

— На вопросы про стиль трудно отвечать) Стиль – это как почерк. Нельзя объяснить, почему ты рисуешь так, а не иначе. Это твоё понимание мира и твоя моторика вместе. Я могу называть свои работы концептуальным портретом.

Виктор Борисов-Мусатов «Водоём».
1902 г. Государственная Третьяковская галерея, Москва, Россия
https://ambilive.ru/images/29-03-2016/01-04-2016/54__ambilive-ru.jpg

Конкретных характеристик у этого жанра нет, но, мне кажется, многие сейчас именно в нём и рисуют. Когда портрет несёт нечто большее. Заставляет задуматься, почувствовать чужие эмоции. Я очень к этому стремлюсь.

— Что самое сложное в жизни художника?

— Самое сложное в жизни художника – поверить в себя! Ведь столько талантливых ребят просто не используют свои способности, думают, что они никогда ничего не достигнут. Но если говорить о художнике как о профессии, то это самоорганизация и стабильность. В финансовом плане всё может быть очень неопределённо.

— Как художнику заработать?

— Научиться объективно ставить себе цену, быть коммуникабельным и не бояться писать первым! В галереи,

Леон Бакст.
Эскиз костюма Синей султанши к балету «Шахерезада», 1910 г.
https://cs1.livemaster.ru/storage/c8/ca/c1c2662449d4d53e92debff1443a--kartiny-i-panno-akvarel-eskiz-kostyuma-sinej-sultanshi-k-bale.jpg

Картинки с выставки • 11

Дима Ребус «Hotel Underground»
https://cameralabs.org/media/cameralabs/fotom/200114/hotel-underground-10001.jpg

в коммерческие структуры или с предложением коллаборации другим художникам.

— Посоветуй, пожалуйста, книги и пособия, которые помогут создавать картины.

— Я смело могу посоветовать книги от МИФа! Правда! Любимые это «Как понять акварель», «Уроки классической живописи» и «Мир акварели». Когда у меня не идёт работа – я иду читать эти книги. Так же вдохновляет **Deviantart**, там огромное множество крутых работ, которые не могут не вдохновить. YouTube, конечно, не стоит его недооценивать. Это огромная площадка бесплатных знаний. А еще в студенчестве нравился **журнал «Как»**. Очень «дизайнерский»)))

— Какие планы на будущее?

— Мастер-классы, развитие канала на YouTube! Есть ещё

мечта, но даже не знаю, стоит ли о ней говорить) Ведь на то она и мечта! В институте мне подарили набор маркеров, которые подходят именно для портрета. Я мечтаю создать свою палитру акварели для этого жанра) И всегда открыта для новых идей!

— И дай, пожалуйста, короткий ответ «Творчество — это…»

— Творчество — это эйфория. Не путать с вдохновением!

По материалам сайтов:
- https://blog.mann-ivanov-ferber.ru/2017/10/18/tvorchestvo-eto-ejforiya-intervyu-s-xudozhnicej-lesej-poplavskoj/,
- https://www.youtube.com/c/LesyaPoplavskaya

Комментарии:

- **МИФ** — Манн, Иванов и Фербер, популярное российское издательство литературы нон-фикшн
- **я с планшетом на «ты»** — я хорошо знакома с работой на планшете
- **замкнутый круг** — безвыходная ситуация
- **киноварь** — профессиональное название оттенка краски красного цвета
- **куча** = очень много
- **порядка тридцати** — около тридцати
- **по пальцам пересчитать** — очень мало
- **тестировать новые марки и продукты** — фирмы-изготовители часто предлагают популярным блогерам бесплатно попробовать их товары и написать о них в своём блоге
- **обожать** = очень любить (обычно так говорят женщины)
- **масс-маркет** — рынок массовых товаров
- **профессиональные линейки** — серии товаров для специалистов, профессионалов
- **миксед-медиа** — смешанные техники

- **лайфхак** — маленькая хитрость, полезный совет
- **прусский синий и вермилион, виридоновая зелёная и кадмий красный** — профессиональные названия красок у художников (тёмно-синий, иначе берлинская лазурь; ярко-красный; тёмно-зелёный прозрачный; оранжево-красный)
- **Чюрлёнис Микалоюс** (1875–1911) — литовский художник и композитор; родоначальник профессиональной литовской музыки. Написал около 300 произведений в духе модерна (ар-нуво). Искал синтез музыки и живописи.
- **Борисов-Мусатов Виктор** (1870–1905) — русский художник, живописец, мастер символических изображений «дворянских гнёзд».
- **Бакст Леон** (1866–1924) — белорусский и российский художник, сценограф, иллюстратор и дизайнер, работал в Санкт-Петербурге и Париже. Участник объединения «Мир искусства» и театрально-художественных проектов С. П. Дягилева, положил начало европейской моде на экзотику и ориентализм в начале XX века.
- **дух захватывает у кого** — об очень сильных чувствах
- **Ларин Дмитрий Викторович (Ребус)** (род. 2 июня 1988 года, Набережные Челны, Татарстан, сейчас живёт в Москве) — современный российский художник. Создатель авторского жанра и одноимённой интерактивной вселенной Underground Aquarellka (Андеграунд Акварелька), в которой основное внимание уделяется биологии поведения человека и эволюции его бытовой моральной нормы. Художник сотрудничает со многими крупными издательствами и дизайн-студиями, такими как Total Football, Snob, Esquire, GQ и др., его работы широко представлены в интернете. См.: https://kattiesummer.livejournal.com/5208.html
- **Deviantart** — самый крупный онлайн-ресурс, где художники всего мира бесплатно выставляют свои работы
- **журнал «Как»** — популярный журнал о графическом дизайне

Вопросы:

1. Кто такая Леся Поплавская? Где она живёт?
2. Где можно увидеть её работы? В каком жанре она работает?
3. Чем Леся увлекалась в детстве?
4. Где Леся получила профессию художника?
5. Почему Леся не смогла найти работу в какой-нибудь компании? Как она вышла из замкнутого круга?
6. Что вдохновляет Лесю на новые работы?
7. Чем рисует Леся? / Какие инструменты она использует в работе?
8. С какими сложностями встречаются современные художники? Как решить эти проблемы?
9. Какие лайфхаки помогают Лесе получить нужный результат?
10. Кто из любимых художников Леси вам понравился? А вам понравились работы Леси?
11. Что нужно, чтобы начать рисовать? Вы согласны со словами Леси?
12. О чём Леся мечтает?
13. В России многие представители творческих профессий говорят, что осень — это самое продуктивное время года. Например, осень была любимым временем года А.С. Пушкина. Как вы думаете, почему именно осень так вдохновляет людей в России?
14. Леся говорит, что творчество — это эйфория. А как бы вы закончили фразу «Творчество — это ...»?
15. Как вы думаете, какие плюсы и минусы есть в жизни фрилансера?
16. Почему можно сказать, что Леся успешный и счастливый человек?

СТЕПНЫЕ ИСТОРИИ БУРЯТСКОГО ХУДОЖНИКА ЗОРИКТО ДОРЖИЕВА

Зорикто Доржиев родился в столице Бурятии городе Улан-Удэ в 1976 году. В 1996 году он окончил Бурятское республиканское училище культуры и искусств, а в 2002 году с отличием окончил Красноярский государственный художественный институт, кафедру живописи. Зорикто – участник многих региональных, российских и международных выставок, его работы есть в частных собраниях в России, США, Германии, Австралии.

Родители Зорикто – художники. Отец закончил **институт имени Репина**, мать – Иркутское художественное училище. В детстве Зорикто пытался подражать рисункам отца, когда тот работал.

Как стать успешным и счастливым: новые русские истории

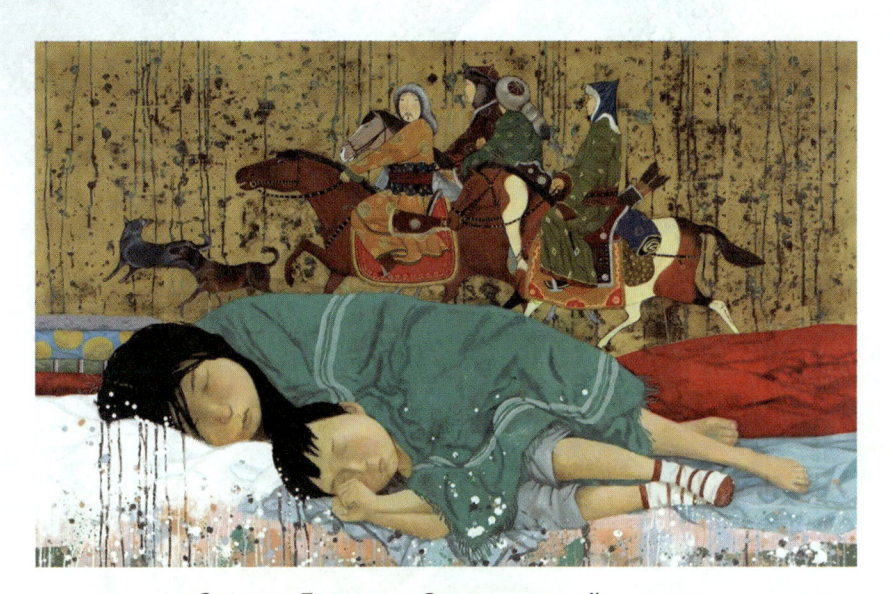

Зорикто Доржиев «Сказки старшей сестры»
https://avatars.mds.yandex.net/get-zen_doc/1222645/pub_5d7b192eecfb 8000ad3966e9_5d7b23c292414d00ad2a91ef/scale_1200

Стиль Доржиева — европейский академизм, который соединился с родной бурятской и монгольской философией и традициями. Художник чувствует себя частью своего народа и выбирает в качестве основного сюжета мифы своих родных мест. Именно мифы — но рассказывает их как человек XXI века и европейским художественным языком.

На его полотнах часто можно увидеть образ **кочевника**, автор объясняет это так: «Кочевник для меня — **созерцатель**. Не турист, который ищет новых ощущений, и не искатель лучшей жизни. Скорее это поэт-художник, поэт-философ. Как правило, он одинок. В одиночестве легче размышлять. С кем поделиться своими мыслями и открытиями? Рано или поздно в степи встретишь других кочевников. Ну, что? За встречу?»

Из-под острого ироничного карандаша мастера вырастают воины... Это очень разные мужчины: худые и толстые, высокие и совсем не высокие, но **все как один** не самые красивые. У них

Зорикто Доржиев «Охотник»
https://www.peredvizhnik.ru/upload/iblock/fec/35.jpg

Зорикто Доржиев «За встречу»
https://khankhalaev.com/artists/zorikto-dorzhiev/

Зорикто Доржиев «Почтальон»
hhttps://mkram.ru/wp-content/uploads/iloveimg_com-0-1.jpg

большие уши и кривые ноги. Но все они с оружием, в какой-то форме. И очень важные и гордые, потому что в генетическом коде каждого мужчины есть ген воина. Сейчас этот воин спит. Но в нужный момент он проснётся, и тогда сила и смелость, храбрость и честь сделают его по-настоящему красивым.

Основным художественным приёмом Зорикто выбрал гротеск. Художник соединил на своих картинах фантастическое и реальное, комичное и грустное, так он создаёт особый мир жизни бурят на земле. Может быть, поэтому иностранные туристы с удовольствием покупают картины Зорикто. Приятно, что где-то в Америке или Германии о бурятах люди будут узнавать через такие добрые, смешные образы.

Его главные герои – монгольские мужчины и женщины, которые живут в одном из самых трудных для жизни мест

Зорикто Доржиев «Поединок»
https://khankhalaev.com/artists/zorikto-dorzhiev/

> **Самые большие империи в истории человечества**
>
> 10. Арабский халифат
> 9. Японская империя.
> 8. Португальская империя
> 7. Тюркский каганат
> 6. Французская империя
> 5. Китайская империя (Цин)
> 4. Испанская империя
> 3. Российская империя
> 2. Монгольская империя
> 1. Британская империя

на земле. Им помогают лошади, овцы, яки, коровы и козы. Художник показывает универсальность этих людей. Когда-то они создали одну из самых великих в письменной истории империю, а сейчас живут спокойно и гармонично.

И настоящей творческой удачей для Зорикто стало приглашение его к работе над кинокартиной «Монгол». Роман художника с кинематографом длится давно и очень успешно:

Зорикто участвовал в работе над целым рядом фильмов и как художник по костюмам, и как просто художник. А выставки в США помогли ему познакомиться и подружиться с певицей Умой Турман. Выяснилось, что папа Умы не только профессор Колумбийского университета, но и «главный буддист Нового Света», основатель **Тибетского Дома** в Нью-Йорке. Художника пригласили к нему в гости, а затем Ума Турман много помогала ему с выставками и аукционами в США.

Зорикто Доржиева можно считать успешным художником: его персональные выставки проходят в Эрмитаже и Русском музее, в Нью-Йорке и Токио, в Сингапуре и Лондоне, он с большим успехом создаёт живописные и графические работы, видеоарт, скульптуру, костюмы. В Бурятии о нем вышел документальный фильм и присвоено звание заслуженного художника Бурятии…

Зорикто Доржиев «Воин»
https://khankhalaev.com/artists/zorikto-dorzhiev/

Картинки с выставки • 21

И, все-же, сам он говорит в одном из интервью:

«Каждый раз, когда я чего-то достигаю, у меня появляется новая цель. Мечта моя абстрактна. Это нечто нематериальное. Есть классная фраза, не помню, чья: "Жизнь — всегда трагедия для тех, кто живёт эмоциями, и комедия для тех, кто живёт своим умом". В какой-то степени именно она сформировала мое понимание жизни. Когда останавливаешь эмоции, начинает работать мозг. Когда начинаешь думать, многие трагедии уже кажутся простым, понятным и могут даже вызвать улыбку».

По материалам сайтов:
- https://lady-ikx.livejournal.com/17162.html,
- https://zen.yandex.ru/media/id/5aa257e79e29a224006d2d9d/mirovaia-jivopis-zorikto-dorjiev-mongolskii-mif-rasskazannyi-evropeiskim-iazykom-5cb4be25c835cf00b3f8322b

Комментарии:

- **институт имени Репина** — сейчас Санкт-Петербургская академия художеств имени Ильи Репина
- **кочевник** — человек, который ведёт кочевой образ жизни, часто кочует, переезжает с одного места на другое, не имеет постоянного места жительства: в традиционном обществе это скотоводы, охотники и др.; в современном обществе успешных людей некоторых профессий, которые часто переезжают, называют неокочевниками, это артисты, программисты, спортсмены, менеджеры и др.
- **созерцатель** — человек, который любит пассивно, мечтательно наблюдать, ср. деятель, тот кто в основном действует
- **все как один** — все без исключений

Вопросы:

1. Кто такой Зорикто Доржиев?
2. Где родился Зорикто? Где находится Бурятия? На каком языке там говорят? А где находится Красноярск?
3. Сколько художников в семье Зорикто?
4. В каком городе учился его отец? А его мать? А где учился сам Зорикто?
5. Сколько ему сейчас лет?
6. В каком стиле работает художник?
7. Какие художественные приёмы использует в работе Зорикто? В каких жанрах он работает?
8. Кто является главными героями его картин?
9. Кто такие кочевники? Какие кочевые народы вы знаете? Почему кочевник часто одинок?
10. Почему героев картин Доржиева автор текста называет то бурятами, то монголами? Какие еще монгольские народы вы знаете?
11. Какую идею несут мужчины-воины на картинах Зорикто?
12. Какую работу выполняет Зорикто в кино?
13. Как знакомство с Умой Турман помогло Зорикто?
14. Что вы думаете о фразе: «*Жизнь — всегда трагедия для тех, кто живёт эмоциями, и комедия для тех, кто живёт своим умом*»? А как живёте вы — эмоциями или логикой, умом?
15. Вы согласны, что Зорикто Доржиева можно считать успешным человеком? Почему он стал успешным?

Зорикто Доржиев «Госпожа 3.1»
https://cdn.the-village.ru/the-village.ru/post_image-image/-7gQut1Lr-zXNwhRRp3z8w.jpg

ХУДОЖНИЦА ИЗ СЕМЬИ ПОЭТОВ

Александра Пастернак — московская художница из удивительной семьи. Из этой известной творческой семьи были художник Леонид Пастернак и поэт Борис Пастернак. В работы Александры и в то, что она делает с геометрией и пространством картин, невозможно не влюбиться. Журналист некоммерческого проекта Losko.ru поговорил с Сашей о необходимости художественного образования, ответственности перед семьёй, театре и театральном в живописи.

— Твой выбор профессии кажется абсолютно естественным. Всегда ли ты знала, что хочешь стать художником?

Саша: Я начала рисовать еще в детстве, ходила в **кружки, изостудию** при Пушкинском музее. В 13 лет начала готовиться к поступлению в художественное училище, ходила на уроки живописи в мастерскую к художнику и на подготовительные курсы. Затем поступила на театрально-декорационное отделение Московского государственного академического художественного училища. В то время меня интересовал рисунок, я делала много набросков, увлекалась сценографией, даже занималась скульптурой.

— Всегда ли тебе легко давалась учёба? Ты выбрала живопись или она выбрала тебя?

Саша: Первые полгода в училище мы **писали акварелью, а потом только маслом**. Мне не слишком повезло

Картинки с выставки • 25

Саша Пастернак «Осень» 2019, 80x145 см
https://cdn.shopify.com/s/files/1/0255/7345/7974/products/
ANT_3370_4096x2236_crop_center.jpg?v=1586346126

с преподавателем, а занятия были академическими и сухими. Спасали только выезды на **пленэр**.

После училища я поступила в **ГИТИС** на сценографию, и вот там уже началась настоящая свобода и любовь к живописи. Уроки помогали найти и выработать индивидуальный стиль, а не просто отвечать академическим стандартам. Забавно, но наш преподаватель увлекался **русским авангардом** и даже придумал для моего курса лозунг «Мы свободны – делаем красиво!». С тех пор так и держу его в голове.

Постепенно я стала писать для себя дома, ездить с папой на этюды (он архитектор и в своё время тоже много рисовал), сняла вместе с однокурсником мастерскую, и под конец учёбы уже оставила сценографию. Так что можно сказать, что сначала живопись выбрала меня, а потом я её.

— Ты из известной творческой семьи, и это, наверное, очень ответственно. Никогда не было страха подвести семью, не соответствовать ей или не иметь своего лица на её фоне?

Саша: В первый раз я подумала об этой ответственности

Саша Пастернак «Сирень. Отражение». 2019, 120х80 см
https://losko.ru/wp-content/uploads/2019/12/IMG_0942-scaled.jpg

классе в седьмом, когда в нашей квартире раздался телефонный звонок и из трубки сказали: «Ваша дочь недостойна носить фамилию Пастернак». Оказалось, это звонила мать моей одноклассницы, чей дневник я накануне случайно порвала.

Конечно, я понимаю, какая ответственность на мне лежит, стараюсь сохранять память и быть достойной тех, кто был раньше. Но нас (у родителей нас пятеро детей) так воспитали, что нужно заниматься своим любимым делом и жить результатами собственных трудов. А как известно, любой труд благороден.

— Образование для художника — необходимость? Чему научиться можно, а чему нельзя? Может ли художественное образование ограничивать свободу и ставить человека в рамки, которых до этого не было?

Саша: Вас могут научить правильно строить, рисовать, научить технике живописи, но в конечном итоге нужно самому почувствовать, к чему лежит душа. В моём случае художественное образование дало мне базу для развития, возможность попробовать разные техники и направления, познакомило с прекрасными учителями, которые помогли мне почувствовать живопись. У меня в голове появился набор **скиллов** и инструментов, которыми я могу свободно пользоваться.

Я сама уже шесть лет преподаю детям и вижу, что для кого-то образование полезно, а кому-то только мешает. Правда, с детьми всё иначе — как говорил Пикассо: «Каждый ребёнок — художник. Трудность в том, чтобы остаться художником, когда выйдешь из детского возраста».

У меня есть подруга, с которой мы вместе учились. Она очень хотела стать художником, но когда окончила художественное училище не смогла поступить в **Суриковский институт**. Сейчас учится в **Бауманке**, учится строить ракеты. Так тоже бывает: человек много лет мечтает быть художником, а потом в два счёта становится физиком-ядерщиком.

— Ты работала в театральных мастерских Большого театра. Что значит быть театральным художником в таком месте?

Саша: В мастерских Большого театра я два года подряд проходила практику: работала в качестве бутафора, помощника мастера, а о театральном художнике даже речи не шло. Делала скульптуры из **папье-маше**, принимала участие в реставрации декораций к «Щелкунчику» и красила металлические конструкции противопожарной краской — никакой романтики.

Через несколько лет я захотела пройти практику в театре Маяковского, но там всё закончилось ещё быстрее. Мне назначили встречу с моим начальником, я пришла и просидела в ожидании два часа в кабинете, где все курили, а потом мне сказали, что работы нет.

— Как этот опыт повлиял на понимание искусства и своё место в нем? Замечаешь ли ты в своей работе некоторую «театральность»? В чём она выражается?

Саша: Визуальную театральность замечаю в чётком разделении картины на планы (передний, средний, задний) и плоском рисунке. В остальном она выражается скорее в мышлении: в придумывании картины и в её решении. Театр — это условность. Не жизнь, а лишь её отражение, как и картина. Когда ты работаешь над театральным эскизом, ты в первую очередь думаешь о том, как создать состояние, передать нужное чувство от сцены, а не о том, куда поставить стол, а куда стул. Так и в живописи.

Конечно, работа над картиной не сравнится по сложности и грандиозности с созданием художественного решения спектакля. Мне немного обидно, что я столько лет училась на театрального художника, а по специальности так пока и не работала.

— Как строится твой рабочий процесс? Из каких элементов состоит твой день?

Саша: Не могу сказать, что я образцовый **трудяга**. Много времени трачу **зря**, и порой бывает очень трудно заставить себя что-то делать. Особенно, когда живёшь там же, где и работаешь. С одной стороны, удобно, когда можно пройти десять шагов из спальни и ты уже в мастерской. Но с другой, дома есть много обязанностей, от которых так просто не убежишь. Ещё ко мне приходят ученики, а по выходным я преподаю искусство детям в центре дополнительного образования. От этого очень устаёшь, и на собственные картины остаётся совсем мало сил. В будущем хочу отказаться от всего ненужного и окончательно уйти в свой мир.

Что касается процесса работы, всё начинается с вдохновения от того, что увидел. Иногда некоторые идеи рождаются годами, до них долго **не доходят руки**. Когда вижу интересный для меня сюжет, сначала делаю этюды, эскизы акварелью, иногда просто фотографирую. Например, прошлой осенью мы ездили в путешествие в Гималаи, но там было невозможно писать этюды, так что только рисовала карандашом, и вот только сейчас наконец появилось время и возможность начать большие **холсты**.

Когда работаю над картиной, сначала пишу **подмалёвок**, обозначаю большие формы, часто в самом общем виде. Потом постепенно набираю толщину краски, уточняю композицию, цвета, в конце добавляю детали. Иногда работаю одновременно над несколькими сюжетами.

— А коммерческие заказы ты берёшь?

Саша: Иногда заказывают работы на конкретные сюжеты или **реплики** готовых картин, но, честно говоря, заказы редко бывают в удовольствие. У меня есть картина «Фикус», её я делала уже 4 раза, причём каждый раз новый размер. Конечно, все реплики получаются разными, но всё же повторение одного и того же сюжета не всегда в радость, хотя бы потому, что является своего рода возвращением в прошлое. Но пока не могу себе позволить отказаться от такой работы.

Думаю, у каждого художника есть такие картины, которые он повторяет на протяжении всей жизни. Так, у моего прапрадеда Леонида Пастернака был «Портрет Л.Н. Толстого». А у художника Фёдора Толстого картина «Ягоды красной и белой смородины». Он сделал какое-то немыслимое количество её копий и писал: «Тяжело мне приходилось, да выручала меня моя смородинка. Можно не шутя сказать, что целая семья кормилась одной смородиной...»

— Как ты пришла к своему стилю? Что для тебя значит геометрия и простота рисунка? Почему растения и пейзажи?

Саша Пастернак «Фикус» 2014, 60×120см
http://oilyoil.com/system/picture/image/000/000/813/zoom_176f6eff4d79449d1edd6219f827961d.jpg

Картинки с выставки •• 31

Саша: Раньше я часто увлекалась разными художниками, пыталась подражать их стилям и техникам. У меня были попытки писать в стиле Ван Гога, Руссо, разных импрессионистов. Но со временем бросила это дело, перестала обращать внимание на манеру живописи. Начала писать то, что мне нравится и как нравится: растения, природу, архитектуру, простые геометрические формы, цвет, свет.

Стиль является лишь способом решить задачи, которые я перед собой ставлю, когда работаю над картинами. Сейчас я всё больше ищу чистую простоту. Стараюсь видеть вещи в целом и свежее: обобщаю пространства, делаю плоским объём, люблю цветовые пятна. Но всё же до сих пор часто всматриваюсь в детали, выделяю важное.

Федор Толстой «Ягоды красной и белой смородины» 1818 Государственная Третьяковская галерея, Москва
https://upload.wikimedia.org/wikipedia/commons/thumb/b/b8/Tolstoy_smorodina.jpg/1572px-Tolstoy_smorodina.jpg

— Твой молодой человек тоже художник. Как живут вместе люди с одной профессией? Является ли это дополнительной мотивацией? Есть ли конкуренция?

Саша: Когда мы начали встречаться, мне было трудно. У Антона как раз готовилась первая выставка, он уже продавал свои картины. Все знали, что Антон художник, а про меня никто и не слышал. Я только поступила в институт, а из работ у меня были только учебные. Даже сейчас многие знакомые думают, что я только недавно занялась искусством.

Мне было грустно от того, что в училище у меня не было хороших картин, которые я могла бы показать людям. Это и стало мотивацией начать больше рисовать для себя. Так что можно сказать, что Антон частично помог мне уйти от сценографии к живописи, он часто критиковал мои работы, давал советы. А я злилась и работала ещё больше.

Честно говоря, это большое счастье – быть с человеком, который делает с тобой одно дело. Всегда есть с кем обсудить работу. Мы делимся друг с другом идеями, материалами, инструментами, а по праздникам дарим холсты, краски и кисти.

Саша Пастернак «Зимний сад II». 2014, 80×80 см https://www.alexandrapasternak.com/landscapes?lightbox=dataItem-jo8edg7m

— Кто повлиял на твоё творчество больше всего? Можешь назвать любимых художников?

Саша: Я люблю Анри Матисса, Джорджо Моранди, Анри Руссо, Дэвида Хокни, Эдварда Хоппера, Хуана Миро. Все они в какой-то степени на меня повлияли, но я скорее с удовольствием смотрела на их работы, а не хотела быть на них похожей. В их работах я вижу то, что мне близко как художнику.

В последнее время мне особенно нравятся картины Матисса. В сентябре сходила на выставку «Щукин. Биография коллекции» в Пушкинский музей. Моне, Гоген, Пикассо — ничто не вызвало у меня особых чувств, возможно, потому, что перед этим я три часа стояла в очереди на выставку. Но когда я вошла в зал с полотнами Матисса, у меня остановилось дыхание и я заплакала. Эта искренность и чистота цвета, на контрасте с работами остальных, ввели меня в какое-то абсолютно детское состояние восторга. С тех пор всё думаю, какое сильное влияние имеет цвет на человека.

— Как ты думаешь, чему люди, даже далёкие от искусства, могут научиться у художников?

Саша: Мне кажется, что у каждого своё призвание. Но всё же умение замечать красоту вокруг никому не помешает.

— Ты творческий человек, еще и преподаватель. Как найти вдохновение в мире визуального мусора? Как начать заниматься творчеством, если давно хотел, но никак не доходили руки?

Саша: Думаю, ничего специального для поиска вдохновения делать не нужно, оно само тебя найдёт. А чтобы начать что-то делать, для начала можно купить блокнот для рисования.

По материалам сайта
https://losko.ru/alexandra-pasternak-interview/

Комментарии:

- **кружок** – место для занятий по интересам
- **изостудия** – изобразительная студия, кружок рисования
- **писали акварелью, а потом только маслом** – маслом и акварелью только пишут, карандашом – рисуют, отсюда художник, который пишет маслом, – живописец
- **пленэр** (от франц. plein air, букв. «открытый воздух») – здесь: работа художника не в мастерской, а на природе, чтобы точно передать изменение цвета в зависимости от света и воздуха
- **русский авангард** – одно из направлений модернизма в России (1900–1930-е годы), расцвет которого пришёлся на 1914–1922 годы
- **ГИТИС** – Государственный институт театрального искусства, сейчас Российский институт театрального искусства. Крупнейший театральный вуз в Европе и один из крупнейших в мире. Основан в 1878 году, расположен в Москве.
- **скилы** (от англ. skill) – дословно «навыки», «умение что-либо делать», используется в жаргоне геймеров и специалистов по управлению персоналом
- **Бауманка** – Московский государственный технический университет им. Н.Э. Ба́умана, один из ведущих технических вузов России, имеет статус национального исследовательского центра.
- **Суриковский институт** – Московский государственный академический художественный институт имени В.И. Сурикова при Российской академии художеств, один из ведущих художественных вузов России.
- **папье-маше** (от франц. papier mâché, букв. «жёваная бумага») – масса из смеси бумаги, картона с клеящими веществами – крахмалом, гипсом и т. д. Давно известная, популярная и доступная техника изготовления фигурок и предметов из бумаги.

- **трудяга** – очень трудолюбивый, старательный человек
- **зря** – напрасно, без результата
- **не доходят руки** – не хватает времени сделать
- **холст** – здесь: картина маслом (которая написана на специальной ткани, холсте)
- **подмалёвок** – начальный этап работы над картиной маслом, эскиз на холсте композиции будущей работы, нанесение объёма и формы основными тонами краски
- **реплика** – в искусстве: копия работы, но с небольшими отличиями от оригинала, часто её делает сам автор оригинала, ср. подделка, копия, которую сделал не автор и которую выдают за оригинал

Вопросы:

1. Кто такая Александра Пастернак?
2. В какой семье она родилась? Сколько у неё братьев и сестёр?
3. Когда Александра поняла, что хочет заниматься искусством?
4. Чем студенты писали в художественном училище? Что Саша пишет сейчас?
5. Почему в Гималаях Саша не писала этюды и картины, а только рисовала?
6. Что Александра говорит о своих преподавателях?
7. Как, по мнению Александры, художественное образование влияет на художника?
8. Что Александра думает о своей работе в театре? Что общего и какие различия есть в работе над театральными эскизами и картинами?
9. Где и кем работает Александра сейчас?
10. Как Саша работает над картинами?
11. Что Саша думает о работе на заказ?

12. Почему художники повторяют картины на одни и те же сюжеты?

13. Какой стиль сформировался у Саши за время работы над картинами?

14. Какое умение важно не только для художников, но и для обычных людей, по мнению Саши?

15. Молодой человек Саши – тоже художник. Какие плюсы и какие минусы она видит в такой паре?

16. Александра родилась в известной творческой семье. Как вы думаете, известные родственники – это помогает или мешает в жизни?

17. Какой вопрос журналиста и какой ответ Саши показались вам самыми интересными?

18. До чего у вас не доходят руки? Что вам мешает?

Саша Пастернак «У реки I». 2019, 60×50 см
https://losko.ru/wp-content/uploads/2019/12/IMG_0500-1.jpg

МИР БЕЗ ЛЮДЕЙ АНТОНА КУШАЕВА

В парадоксальном 2020-м году искусство стало одновременно дальше и ближе. Дальше — за закрытыми дверями музеев, а ближе в онлайн-галереях и Инстаграме. Мистицизм оказался не менее надёжным инструментом анализа, чем любой другой. Художник Антон Кушаев — резидент мастерских **«Гаража»**, а в прошлом **иконописец** — больше не рисует людей, ни святых, ни грешных. Участник 2-й **Триеннале** видит мир без людей, и неизвестно чего в этом больше — ностальгии по прошлому или предсказания будущего. Поклонница художника, коллекционер и патрон «Гаража» Ксения Чилингарова, которая успела сходить на выставку Кушаева

Картинки с выставки • 39

Антон Кушаев. Из серии «Буквы будут звёздами». 2020
https://sample-art.com/wp-content/uploads/2020/05/imgonline-com-ua-Compressed-mrjAX3sqTgAerlY.jpg

до пандемии, поговорила с Антоном о разочаровании в церкви, ТикТоке и московской арт-тусовке.

— Когда я пришла на выставку, мне понравилась именно керамика. Расскажи, почему ты ей занимаешься — керамика у тебя очень необычно соседствует с живописью.

— Все, что связано с искусством, хочется **охладить**. Можно охлаждать до уровня **китча** — как это делали **молодые британские художники**. Керамика — один из способов.

Как человек, который работает в мире моды, я понимаю что, когда у тебя, например, что-то очень пёстрое внизу, то сверху нужно что-то, что успокаивает весь образ. Тогда всё вместе это даёт гармонию. А для меня искусство — это как раз то, что ломает гармонию. Для меня есть принципиальная разница

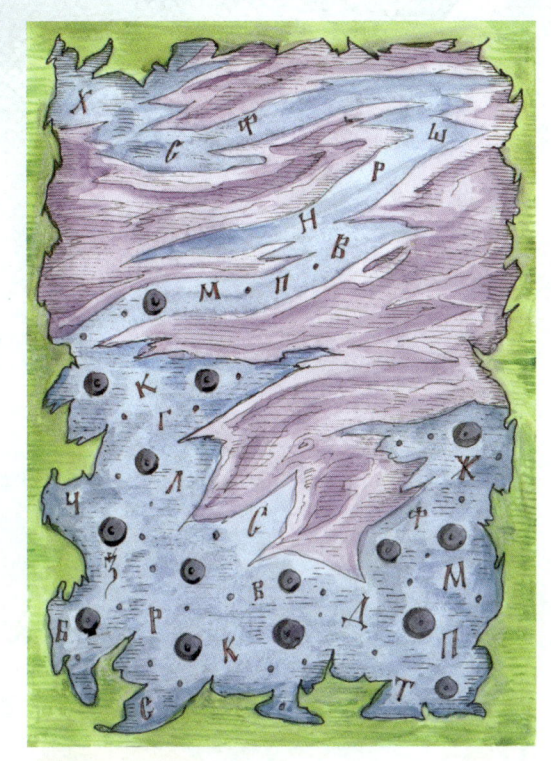

Антон Кушаев
https://www.buro247.ru/ images/2020/11/ 160554262164701.jpg. webp

между культурой и искусством. Культура – это антиприрода, человек строит вокруг себя стену. А искусство – оно как раз ломает границы.

— Действует на чувства?

— Нет, ни в коем случае. Искусство – это некое моделирование ситуации, в которой ты можешь почувствовать реальность. Я пытаюсь получить это в своих работах, чтобы зритель увидел эту двойственность и вдруг почувствовал, что что-то не так.

— Когда я первый раз увидела твои работы, первые из них произвели на меня неприятное впечатление. Оказывается, это такая идея – сначала не понравиться?

— Или наоборот. Мне принципиально важно как раз это

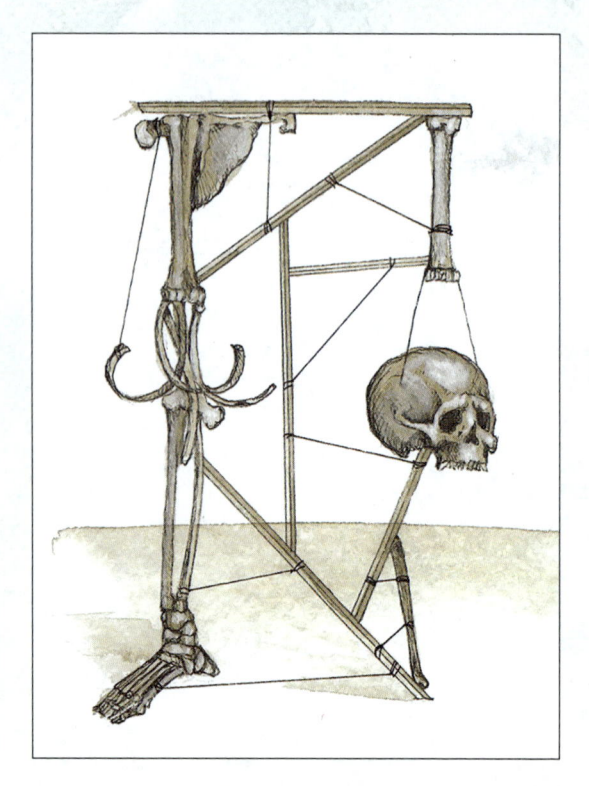

Антон Кушаев. Без названия (из серии «Объект»). 2016
http://cultobzor.ru/
2017/03/anton-
kushaev-somnitelnoe-
osnovanie/03-4590/

чувство, что «что-то неправильно». Это и есть реальность: не всё работает так, как мы знаем.

— Я потом прочитала, что ты окончил школу иконописи. Было видно, что есть желание переработать русскую тему — и сделать новый миф, сказку.

— Это специально — я даже добавляю театральность. С одной стороны, всё выглядит **прикольно** и мило, **с цветочками**, но остается чувство, что что-то не то. Это связано с набором предметов, которые я стараюсь комбинировать.

— Ты же и техники комбинируешь?

— Да, я даже делаю картины в двух рамах — из керамики и дерева, — чтобы была попытка выйти за границы живописи.

— Мы немного вернемся к русскости. Это для тебя важная тема, как часть понимания себя?

— Я одновременно романтично и цинично настроен. Всё, что касается русской культуры, я воспринимаю как неправильную систему. Но для меня это важно, потому что это замена религиозности.

— А ты религиозный человек?

— Сейчас нет. **В начале–середине 90-х** молодёжь побежала в церковь – и я попал в эту волну. Это была романтическая идея, поиски идеала. Фрески же прекрасны. К тому же всё совпало с политическими изменениями в стране: я ощущал себя частью большого политического процесса. Мне было важно церковное возрождение, большое количество людей, которые пошли туда, бывших хиппи. А потом очень много людей, которые были изначально идейно и идеалистически настроены, просто ушли.

— Ты писал иконы?

— Фрески.

— Тебе близок мистицизм?

Антон Кушаев.
https://www.instagram.com/p/AdTRnSH5Po/?hl=ro

— Я очень люблю любое искусство, связанное с масонами. Мой любимый художник – [Уильям] Блейк.

— Твое отношение к поэтам?

— Я их люблю. Взять хотя бы **Андрея Белого**. Всё это интересно как некая система безвкусицы. Мне нравится сочетание безвкусицы и вкуса, это манипулятивная тема, особенно в контексте современного искусства.

— Что для тебя вкус, а что безвкусица?

— Я как раз и говорю о том, что нет этих понятий. Любая система координат, в которую ты пытаешься войти, становится твоей ловушкой. Вот для кого-то **Рерих** – круто, а **Шилов** – плохо. Я же в принципе стараюсь исключать такое категоричное мышление, когда есть что-то хорошее, есть что-то плохое. Как мне кажется, задача художника в том, чтобы одинаково **замиксовать** всё это в нечто общее, которое может раскрыть что-то третье. И тогда это может открыть тебе окно в мир, сквозь которое увидишь что-то реальное. Или наоборот – нереальное.

— Хотела еще немного поговорить про мифы – эта тема встречается у ещё одного современного русского художника, **Евгения Антуфьева**, и я знаю, что вы друзья, ну или приятели.

Выставка работ Антона Кушаева
в камерном арт-пространстве «Сцена». Москва, 2020
https://szena-gallery.com/img/gallery/ed0d17d5302913c49cfd81ed
030fff0b.jpg

Уильям Блейк
«Песнь о Лос». 1795.
Библиотека
Хантингтона, архив
Уильяма Блейка
https://i.pinimg.
com/736x/1a/bb/ee/1a
bbeef19ac20123738b0
b3210c17505.jpg

Картинки с выставки • 45

— Для меня работы Жени – это все-таки определённая высота, и, естественно, я отношусь с большим уважением к нему. Для меня было неожиданным и очень приятным вообще внимание с его стороны. Это важно для художника. Некое подтверждение того, что ты в принципе правильно куда-то двигаешься. Для меня успех в этом и состоит. Успех – это когда человек, которого ты уважаешь, тебе скажет, что всё окей.

— Какие у тебя вообще впечатления от арт-тусовки?

— Не думаю, что есть какая-то гомогенная среда. Есть сложившееся сообщество вокруг мастерских «Гаража», а есть художники с разными практиками, разные люди из других регионов...

— И как тебе?

— Мне нравится общаться с теми, кто гораздо моложе, – молодые ребята всегда своеобразные **инфлюенсеры**. Мне

Антон Кушаев.
Фрагменты
росписи пола
*https://www.
instagram.com/p/
CGdAlXuneHF/?hl=de*

Николай Рерих «Оттуда». 1935-1936. Музей Н. Рериха в Нью-Йорке
https://smallbay.ru/images9/01ro011.jpg

в этом смысле очень нравится общаться со своими дочками, потому что они мне какие-нибудь смешные вещи рассказывают про Tik Tok или ещё про что-то такое.

— А ты вообще видел Tik Tok?

— Да, я даже зарегистрировался там и пытался в течение месяца тиктоки смотреть. Но меня он начинает раздражать и отвлекать: жизнь художника — это дисциплина, необходимо выстроить свой график и вставать регулярно в одно и то же время. Я недавно это услышал — чем отличается профессиональный художник от непрофессионального. Непрофессионал может ждать вдохновения, а профессионал должен работать каждый день.

— Это касается не только художников, но и писателей, поэтов, дизайнеров, которые всё время ждут, что вот придёт

Александр Шилов.
*Пармские фиалки
(Алёна Григорьева).
2012 г.*
*https://img-fotki.
yandex.ru/get/5302/
121447594.626/
0_110126_ff53ea63_
orig.jpg*

момент, придёт пандемия, и мы начнём наконец-то работать. И в итоге этого никогда не происходит. Но бывают же дни, когда вообще не хочется работать.

— Ну это скорее связано с каким-то физическим состоянием и у всех бывает. Не можешь встать, голова болит.

— Пикассо за ночь по десять картин делал, и, наверное, вряд ли он утром вставал.

— И тем не менее Пикассо был примером дисциплины, потому что он работал ежедневно до конца своей жизни, суперпроизводительный художник. Для меня важно продолжать работать ежедневно, сохранять какой-то ритм. И вот Tik Tok меня начал раздражать тем, что у меня рушится дисциплина.

— Я думаю, что да, это такая деструктивная сила интернета. Кстати, вот твои отношения с цифровым пространством — они какие? Потому что у тебя много вот

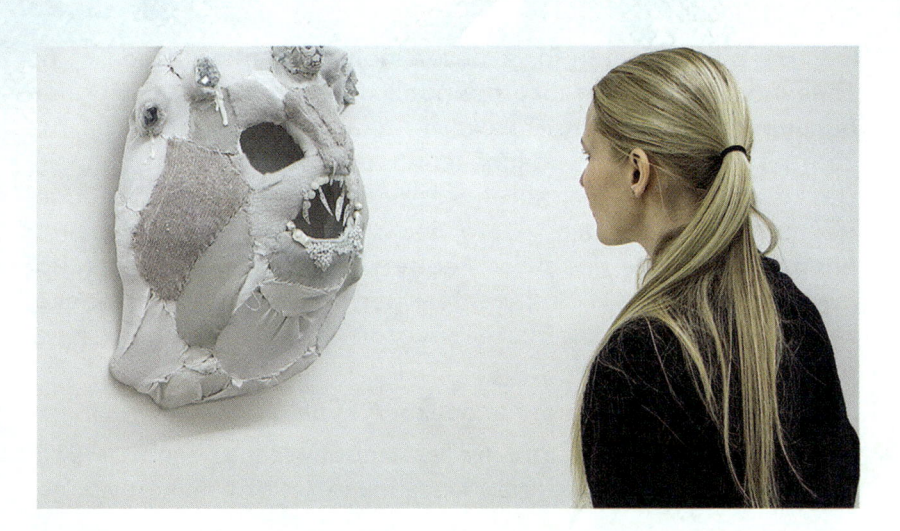

Персональная выставка уроженца Тувы Евгения Антуфьева на 6-й Московской биеннале. Москва, 2015
https://www.tuvaonline.ru/uploads/posts/2015-08/ 1440684593_antufev1.jpg

этой какой-то скрытой цифровизны, ну просто я понимаю, что это очень важная тема для тебя.

— Два момента. Во-первых, никто из современных художников, не важно, какого направления, не может игнорировать, что это суперважная история. А второй момент — привлекательный для меня лично: цифровой поворот в принципе стал новой религией, это возможность говорить о возвышенном или о божественном, пусть даже в кавычках. Меня увлекают мысли о том, что бог есть в интернете или ему можно позвонить по скайпу. Это смешно, но это новая возможность и новая реальность. И в этом контексте мне интересно из этой цифровой реальности взять что-то, что может стать материальным, но пока где-то потерялось.

— Ты вырос не в Москве, а в Подмосковье, и, возможно, поэтому в твоих работах так много природы. Расскажи про свое детство.

— Ну да, собственно, я рос в подмосковном посёлке, и, конечно, там было много природы. Прежде всего, было два больших озера. Летом каждый день ходили купаться, и, соответственно, все развлечения вокруг этого строились. Да, конечно, и до сих пор я могу сказать, что единственное место, где я отдыхаю, – это лес. Остальное очень сильно **напрягает**. И мне нравится лес тем, что это принципиально другое состояние, там хаос, там нет прямых линий, там всё как бы логично. Ты вне системы, которую сделал человек. Мне очень нравится.

— У тебя в работах нет человека. А куда он делся?

— На его место пришли нечеловеческие агенты. Это актуальная, модная тема. Насколько я это чувствую со

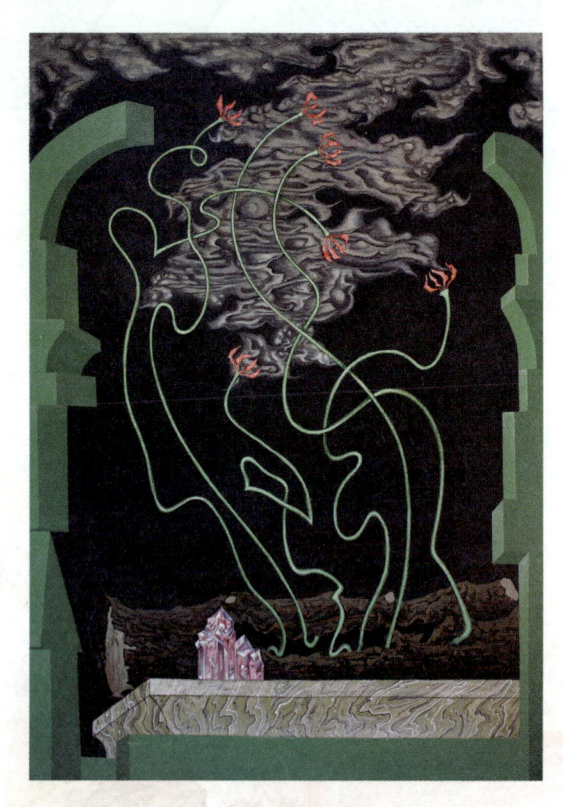

Антон Кушаев
«Пустоцвет». 2020
Арт-пространство
«Сцена», Москва
*https://st.cosmoscow.
com/media/cache/aa/
a5/aaa59090d411c8a8b
e69a967d7aff555.png*

стороны искусства, это отсутствие человека. У меня один раз было сильное чувство, когда я пришёл, кажется, в Эрмитаж, что я вижу очень странную ситуацию — люди смотрят на картины с людьми.

Мне интересно, как можно выйти за границы человека, хотя бы за границы картинки. Ко всему прочему, человек на любой картине — некая **точка отсчёта**. А вот человека нет: может, он исчез, а может, он ждёт за стенкой.

— А ты всегда хотел быть художником?

— Думаю, да. Потому что я начал рано. Мне мама подарила масляные краски в 11 лет. Я старался писать, потому что мне объяснили, что рисовать — это другое. Поэтому у меня всегда было ощущение, не в пафосном смысле, что это какая-то миссия, это моя профессия, ну такая как бы, которая очень органична для меня. Мне нравились с детства краски, кисточки, все эти материалы, запахи и консистенция.

— Мне всегда было любопытно: вот ты закончил работу — как ты понимаешь, что она закончена?

— Ну, у меня всегда есть конкретная точка, когда уже закончено. И я с самого начала примерно понимаю, что я хочу сделать. Это ещё связано с той техникой, которую я стараюсь использовать: коллажи, слои и так далее. Условно говоря, у меня есть какое-то интуитивное чувство, что должно получиться, и я предвижу какие-то шаги, и когда делаю до конца эти шаги, я понимаю, что вот и всё — я всё сделал.

— Это приятное ощущение?

— Это очень странное ощущение, потому что так часто бывает, мне кажется, со всеми людьми, кто делает свои работы. Когда ты **кайфуешь** в процессе — это значит, что ничего не получилось. А когда ты сомневаешься, тебе тяжело... то тогда есть надежда на то, что будет окей. И всегда получаются именно те работы, от которых я этого не ожидал.

По материалам сайта
https://theblueprint.ru/culture/art/anton-kushaev

Комментарии:

- **«Гараж»** — музей современного искусства. Основан в Москве в 2008 году Дарьей Жуковой и Романом Абрамовичем. Является первой в России филантропической организацией, направленной на развитие современного искусства и культуры. Сайт музея https://garagemca.org/ru/about
- **иконописец** — художник, который пишет иконы
- **триеннале** — международная выставка изобразительного искусства, кинофестиваль или музыкальный конкурс, проходящие каждые три года; здесь: большая выставка современного российского искусства, проходящая в музее «Гараж» раз в три года
- **Антуфьев Евгений** — современный российский художник, автор объектов и инсталляций, куратор. Занимает второе место в топ-100 молодых художников России в 2017 году.
- **охладить** — здесь: убрать лишние эмоции
- **китч** — термин в искусстве, который используют для низкокачественных предметов массовой культуры, такие предметы имеют большие тиражи и вызывают стандартные эмоции
- **молодые британские художники** - так критики называли Дэмиена Херста, Трейси Эмин и других близких им художников 1990-х.
- **прикольно** — смешно, забавно, остроумно
- **с цветочками** — о простом и милом, патриархальном
- **в начале—середине 1990-х** — в начале эпохи перестройки в России, после распада СССР
- **Белый Андрей** (1880–1934) — русский писатель-мистик, поэт, математик, критик, мемуарист, стиховед; один из ведущих деятелей русского символизма и модернизма в целом.

- **Рерих Николай** (1874–1947) – великий русский художник, писатель, археолог, философ, путешественник и общественный деятель. Создал более 7000 картин, которые отличаются особой цветовой гаммой. Автор идеи и инициатор Пакта Рериха, основатель международных культурных движений «Мир через культуру» и «Знамя Мира».
- **Шилов Александр** – советский и российский художник-живописец, график, портретист. Некоторые считают его работы кичем.
- **замиксовать** – смешать
- **арт-тусовка** – (разг.) люди искусства, объединенные неформальными отношениями
- **инфлюенсер** – влиятельное лицо
- **цифровизна** – (разг.) всё цифровое (звук, изображение) – с негативной оценкой
- **напрягает** – (разг.) вызывает неприятные чувства, неудовольствие
- **точка отсчёта** – начало
- **кайфовать** – (разг.) получать удовольствие

Вопросы:

1. Кто такой Антон Кушаев? Кем он был раньше?
2. Кто берёт у него интервью?
3. В чём Антон видит разницу между культурой и искусством? Вы согласны с ним?
4. Какое чувство у зрителей хочет вызвать Антон, когда создаёт свои работы?
5. Где Антон учился?
6. Как сейчас Антон относится к религии?
7. В чём для Антона заключается успех? А вы считаете его успешным?

Антон Кушаев «Пустоцвет». 2020
Арт-пространство «Сцена», Москва
https://cms.saliva.live/wp-content/uploads/2021/02/Anton-Kushaev-_Pustotsvet_-galereya-SZENA-2020Moskva4-1536x1024.jpg

8. Почему Антон любит общаться с теми, кто намного моложе его?

9. Что, по мнению Антона, отличает профессионального художника от непрофессионального?

10. Что думает Антон о связи цифрового мира и искусства?

11. Кого Антон не изображает на своих картинах? Почему?

12. Когда Антон понял, что хочет стать художником?

13. Когда, по мнению Антона, у художника получаются лучшие работы?

14. А вы кайфуете от своей работы? Когда у вас получается лучший результат — когда удовольствие было во время работы или когда оно появилось, только когда вы увидели результат?

ДАШИ НАМДАКОВ

Мы не должны отрываться от своих корней, от сил природы. Земля, вода, воздух... Любви к ним не научишь. Их надо чувствовать и брать из них силы.

Даши Намдаков

Азиатский Дали, бурятский Пикассо, скульптор – панк-буддист, ювелир-шаманист... Все это о художнике Даши Намдакове. Художника, скульптора и ювелира Даши Намдакова называют феноменом русского искусства. Ему удалось парадоксальное: превратить древние национальные традиции в авангард.

В 1967 году в небольшом бурятском селе в Читинской области, недалеко от российско-китайской границы, родился мальчик по имени Даши. Его полное имя – Дашинима. Даши по-бурятски значит «удача», а Нима – «солнце». Удачливое солнце. Семья Намдаковых принадлежит к древнему уважаемому роду дарханов, или по-русски кузнецов. Из семей кузнецов всегда выходили лучшие ювелиры, мастера и художники. Только кузнецам-дарханам можно было работать с огнём, символом божественной власти. У них были свои секреты мастерства, которые передавались из поколения в поколение. Чёрные дарханы делали изделия из железа, белые – работали с цветными и благородными

*Даши Намдаков
«Воин Чингисхана». 2007, бронза*
https://khankhalaev.com/artists/dashi-namdakov

металлами, в основном с серебром. Дарханы многое могли и умели, поэтому за многое в жизни деревни и отвечали.

Отец Даши был известным народным мастером — кузнецом, художником, писал буддистские тангки (иконы), занимался скульптурой, резьбой по дереву, ткал ковры. У него было всего несколько классов образования — в **послевоенные** голодные годы в маленькой бурятской деревне об учёбе думать было некогда, надо было просто выживать... Отец многому научил своих детей.

В семье росли четыре сына и четыре дочери. Даши родился шестым. До седьмого класса он жил с родителями в традиционной бурятской деревне и чувствовал себя частью Вселенной, в которой рос. Фантастическая природа Бурятии — чистые горные реки, высокие Саянские горы, широкая степь, голубой Байкал — стали для мальчика, который тонко чувствовал красоту мира, целым космосом — огромным и прекрасным.

Даши Намдаков вспоминает:

«Я застал уже закат этой цивилизации, которую очень сложно, почти невозможно вернуть. Для этого должно произойти чудо. Жизнь меняется на глазах, и, хотя многие изменения к лучшему, что-то важное безвозвратно уходит. Детям уже не объяснить, как можно чувствовать свою связь с природой, быть с ней в гармонии...»

Потом мальчик уехал в интернат, потому что в деревне не было старших классов школы. Жизнь его очень изменилась, и он тяжело заболел. Он болел целых 7 лет. Даши говорит, что спасло его только чудо. Родители нашли старую бурятскую шаманку, которая помогла мальчику. Она сказала, что он болеет, потому что люди забыли свои корни, имена своих предков. А ещё она сказала, что у мальчика большое будущее, потому что он видит красоту в мире вокруг себя.

Даши Намдаков. Кулон «Хищница»
https://khankhalaev.com/artists/dashi-namdakov/

В 1988 году Даши поступил в Красноярский государственный художественный институт, который закончил за 4 года, а не за 6, как все.

Молодой скульптор вернулся (уже с женой) в Улан-Удэ, столицу Бурятии, в 1992 году и стал работать ювелиром, чтобы зарабатывать деньги, потому что работа скульптора денег не давала. А в свободное время он занимался бронзовой скульптурой. Тогда Даши думал, что его искусство будет интересно лишь землякам, бурятам и монголам, но уже первая персональная выставка в Иркутском художественном музее в 2000 году изменила представление о бронзовой скульптуре в России. Его изделия произвели настоящий фурор на арт-

Даши Намдаков. Кольцо «Овен»
https://khankhalaev.com/artists/dashi-namdakov/

Даши Намдаков «Царица»
https://i.pinimg.com/originals/d8/18/16/d81816d19f860f28900339e763eaae9c.jpg

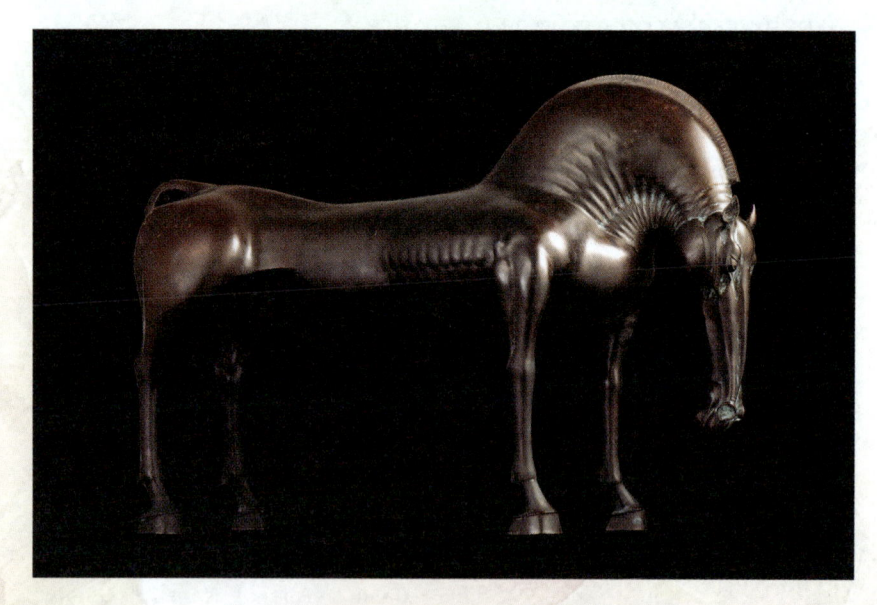

Даши Намдаков «Сэтэр». 2002, бронза
https://dashi-art.com/gallery/sculptures/seter

сцене. Скульптуры Даши начали выкупать иркутские художники и бизнесмены.

За последние годы Даши провёл множество персональных выставок в крупнейших музеях мира: Государственной Третьяковской галерее и Государственном музее искусства народов Востока в Москве, Русском музее в Санкт-Петербурге, Центре тибетской культуры (Тибетский Дом) в Нью-Йорке, Пекинском музее мирового искусств и т. д. В чём секрет его популярности? «Принимай мир таким, какой он есть, потому что его творец мудрее тебя, – говорят скульптуры Даши, – и тогда тебе откроется настоящая красота».

Даши стал художником-постановщиком фильма «Монгол» (режиссер Сергей Бодров-старший). Фильм был номинирован

Даши Намдаков «Усть-Орда». 2002, бронза
https://dashi-art.com/gallery/sculptures/ust-orda

Даши Намдаков «Чингисхан», бронза. Гайд-парк, Лондон
https://www.delovoe-partnerstvo.org/images/news-2016/даши_новость_2016_фото%20(16).jpg

на премию «Оскар» (2007) как лучший фильм на иностранном языке, а также получил шесть национальных премий **«Ника»**. Лучшими художниками по костюмам стали тогда Даши Намдаков и его коллега, художник Зорикто Доржиев.

Работы художника находятся в фондах многих музеев России и мира, а также в личных коллекциях В.В. Путина, экс-президента Татарстана М.Ш. Шаймиева, в частных собраниях в России, США, Германии, Франции, Великобритании, Бельгии, Швейцарии, Японии, Китае и Тайване, Сингапуре, а его скульптура «Чингисхан» стоит в лондонском Гайд-парке.

— В одном из интервью вы говорили, что в детстве мечтали быть машинистом поезда. А сейчас о чём мечтаете?

— Считаю, что как скульптор я ещё не нашёл своего языка, мечтаю найти его. Понимаю, что где-то уже рядом. Но еще не нашёл. И слава Богу, что так. Потому что как только найду, то поезд остановится. Художник умрет.

— А сейчас вы готовы к резким изменениям в жизни или уже успокоились, как это случается в определённом возрасте?

— Я вообще не чувствую свой возраст. У меня много энергии, идей, и я готов к авантюрным приключениям. Когда общаюсь с ровесниками и они начинают жаловаться на здоровье, предлагаю сразу закончить разговор. Не хочу даже слышать про болезни.

— Как вы работаете?

— Я всегда увлекался графикой, люблю простой карандаш и бумагу. И сейчас это меня очень спасает. Многие скульпторы работают сразу в объёме, что часто приводит к долгим поискам. Для меня же проще сначала нарисовать свою идею с разных ракурсов, а потом уже в объёме дорабатывать нюансы. Благодаря этому экономится масса времени. Сейчас существуют различные 3D-технологии, и я ими пользуюсь. Но они не могут заменить карандаш и живую пластику. Идея ложится через карандаш на бумагу. А потом уже при помощи различных компьютерных программ ты её дорабатываешь и совершенствуешь. Мне кажется,

Даши Намдаков «Амазонка»
https://tr.pinterest.com/pin/567594359271370326/

если бы автомобильные дизайнеры меньше моделировали на компьютере, а больше рисовали в карандаше, современные автомобили были бы более выразительными и не такими одинаковыми.

— А как рождаются ваши образы?

— Это всегда поиск и эксперимент. Сейчас в современном искусстве есть тенденция – художник находит одну какую-то **фишку** и начинает тиражировать её. Чтоб все его узнавали. Это работает. Но я каждый раз думаю: господи, неужели им не скучно делать одно и то же? Мне повезло: мои выставки ездят по миру, объекты продаются, и это великое счастье. Я могу позволить себе быть некоммерческим. Поэтому я постоянно экспериментирую. Но это происходит не потому, что я специально хочу что-то поменять, а потому, что я сам меняюсь. Не каждый художник даже с именем рискнёт быть некоммерческим.

— Вы счастливы?

— Думаю, боги обиделись бы на меня, если бы я сказал, что я не счастливый человек. Я всегда чувствовал – меня «ведут»

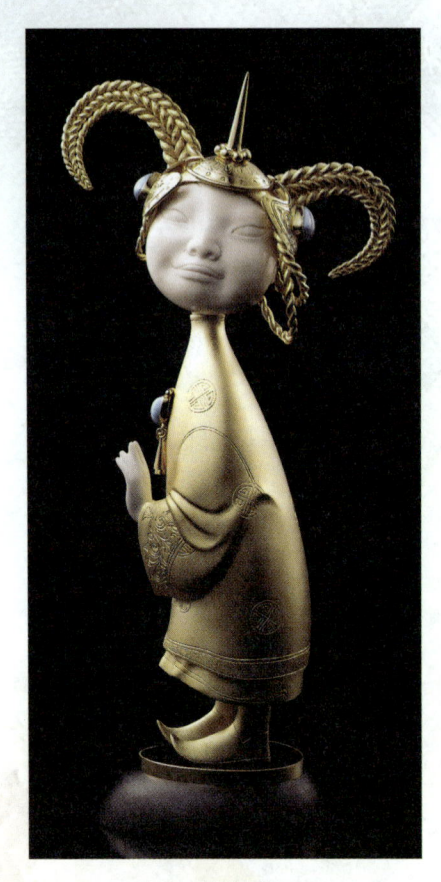

Даши Намдаков
«Принцесса». 1998, золото
https://dashi-art.com/gallery/miniatures/princess

по жизни. Мне везло на людей. Я занимаюсь тем, что умею и люблю. Скульптура – это мои стихи, поэзия в объёме. Бывает, люди годами ищут свой почерк, свой стиль. Я никогда его не искал. Писал и творил, как дышал – то, чем живу. Это мой мир, который существует у меня внутри.

Но творчество – ещё не вся жизнь. Я люблю свою семью, мне нравится путешествовать, я много поездил по свету, с жадностью открывал для себя мир. Мне интересно всё в этой жизни, интересно жить.

Да, я счастливый человек – ко мне просто обращаются и говорят: «Вот вам пространство – творите». По крайней мере в скульптуре я уже всем всё доказал. Гораздо сложнее, когда ты молод и только начинаешь. Тебе не доверяют. И пробить эту стену очень сложно.

— **Удача часто помогала вам в жизни?**

— Сначала я в себя не верил. Я рос в маленькой сибирской деревне в лесу, за Байкалом. Вот скажите, какие у меня были шансы стать известным всему миру и сделать карьеру? Ещё в те времена, когда не было ни интернета, ни мобильных телефонов. Собственно, эта удалённость и сделала из меня художника со своим индивидуальным видением. Плюс труд и удача. Были времена, когда я думал, что есть только труд и никакой удачи. А потом однажды удача пришла.

«Однажды» мне просто надо было приложить огромные усилия и сделать свою первую выставку. Что я очень рекомендую всем молодым художникам. Не ждать, пока тебя кто-то найдёт, а делать всё самому. Хотя я боюсь что-либо советовать. Каждый опыт – индивидуален. И потом, как бы мы ни хотели, но есть ещё и такое понятие – размер таланта, божий дар. Это невозможно измерить. Это должно быть. Когда у тебя его нет, ты можешь биться во все двери и стены, но ничего не выйдет. Не должно быть иллюзий – вот, пожалуй, хороший совет. Ну и, конечно, кругозор и образование.

— **Где вы живёте и работаете сейчас?**

— Ох, трудно сказать. Из Москвы я сначала уехал в Италию.

Даши Намдаков «Хранитель Байкала». 2018, бронза
о. Ольхон, Иркутская область
https://dashi-art.com/gallery/monuments/Baikal_baabai

Когда мне исполнилось 50 лет, как все нормальные люди, мы стали в семье думать, как отметить юбилей. Но так как друзей, родных и знакомых у нас очень много и собрать всех в одном месте нереально, мы отказались от этой идеи и решили сделать подарок для родины – скульптуру Байкала. Я очень переживаю, когда вижу, что за последние 20 лет произошло с озером Байкал. Мои чувства отразились в скульптуре «Байкал Бабаай», что в переводе с бурятского означает «отец Байкал». Сейчас фигура стоит на острове Ольхон, чтобы защитить Байкал.

Даши Намдаков. Чайный сервиз, фарфор. Klimenkoff, 2016. http://www.korrespondance.org/site/wp-content/uploads/2017/04/Service-.jpg

Я прожил там 5 лет. Там лучшие в мире литейные мастерские. Даже когда я работал в Лондоне, я возил отливать формы в Италию, в Петрасанту. Потом пять лет моя жизнь была связана с Лондоном, сейчас там живёт моя семья. И я очень благодарен Великобритании: страна хорошо меня приняла. Но теперь я хочу двигаться дальше. В моем случае это означает вернуться в Италию. Я возвращаюсь в Италию, чтобы заняться не скульптурой, а дизайном. А ещё раз пять в год я езжу домой, в Бурятию.

Работа над бронзовыми скульптурами – сложный процесс, который требует много мастерства и сил. Сначала у художника рождается образ будущей скульптуры, и он рисует его на бумаге, делает огромное количество эскизов. Из них он выбирает только единицы, на основе которых начинает работать с глиной, делает модель. В процессе моделирования скульптор прорабатывает все детали будущей скульптуры, иногда немного меняет стилистику первоначального образа, чтобы получить идеальный результат. Только после этого можно начинать делать формы для литья и лить бронзовую скульптуру. Формовка и литьё – эти процессы проходят уже в Италии. Это очень долгий процесс. А затем готовые скульптуры покрывают патиной, специальным защитным слоем. Мастерские Пьетрасанты используют цветные патины. Чтобы получить сложные оттенки на финальных скульптурах, с 2010 года Даши Намдаков много экспериментирует с разным химическим составом патины, это даёт возможность использовать в работах самые разные цвета. Яркая колористика бронзовых скульптур – новый приём для Даши, поиск нужной патины оказался очень интересным процессом. Сотрудничество с литейщиками и инженерами даёт скульптору большую свободу для творчества.

Город скульптур Пьетрасанта

66 • Как стать успешным и счастливым: новые русские истории

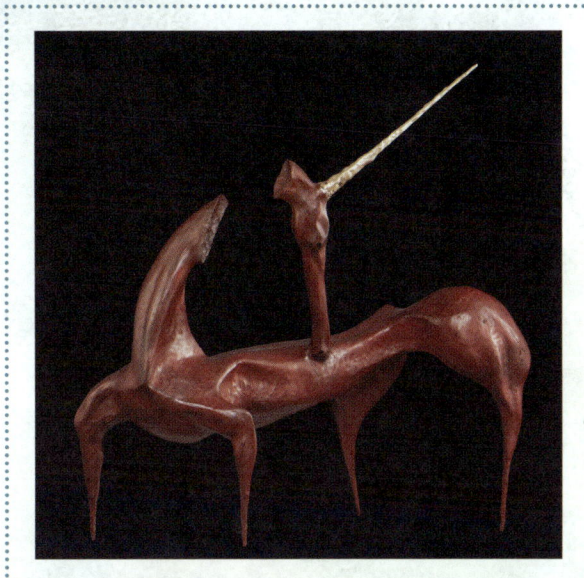

Даши Намдаков «Единорог». 2018, бронза
https://dashi-art.com/gallery/sculptures/unicorn

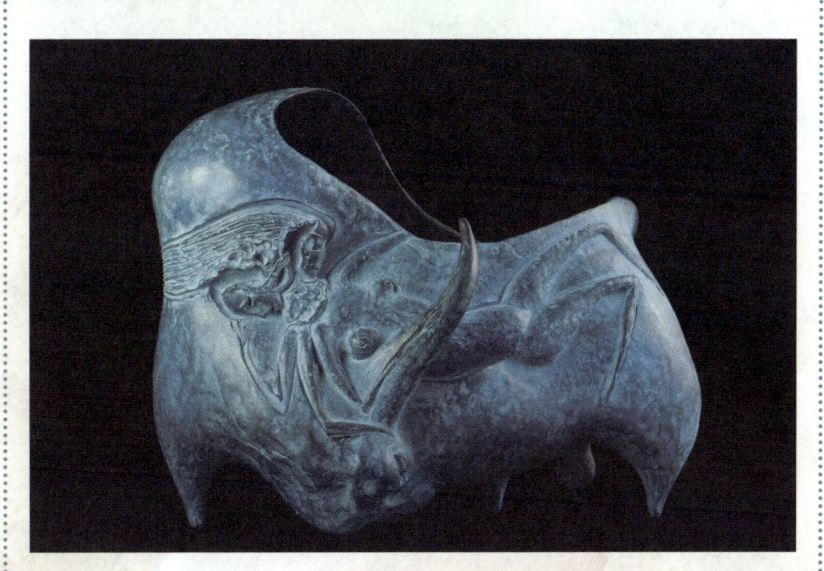

Даши Намдаков «Сон Европы». 2018, бронза
https://dashi-art.com/gallery/sculptures/dream_of_europa

— Дизайнер – это ваша новая специальность после скульптора, художника и ювелира?

— Понимаете, мозги должны всегда работать. Я специально ищу в творчестве области, в которых я новичок. У меня был опыт работы в мебельном дизайне. Я придумывал модели диванов, это были живые скульптуры. Потом я увлёкся фарфором. Мы сделали один проект со студией Игоря Клименкова Klimenkoff и еще один с английской фабрикой Lynton.

А сейчас меня увлекает дизайн на границе моды и искусства. Я долгое время был уверен, что попасть в индустрию моды уже невозможно: все места заняты крупными брендами, и они вкладывают в разработки огромные капиталы. Однако, к счастью, жизнь меняется, и сегодня, если ты предлагаешь интересный уникальный продукт, у тебя есть все шансы найти своё место на рынке. Пока я не буду об этом рассказывать, так как проект только начинается. Но это даёт невероятное ощущение азарта и возможность пройти путь с самого начала. Мир стал избалованным, сегодня очень сложно чем-то удивить. Но тем и интереснее.

По материалам сайтов:
- https://fishki.net/1678380-dashi-namdakov.html?utm_source =aab&sign=95434604370408%2C49445095758342
- https://www.elledecoration.ru/heroes/design/dzhentlmen-udachi-id6837766/
- https://www.liveinternet.ru/users/4373400/post189692101/
- https://evan-gcrm.livejournal.com/470316.html
- https://www.rgo.ru/ru/proekty/festival-rgo/festival-rgo-2019/ skulptury-dashi-namdakova

Комментарии:

- «Ника» – с 1988 года национальная кинематографическая премия Российской академии кинематографических искусств
- фишка – яркая особенность

Вопросы:

1. Кто такой Даши Намдаков? Где он родился? Сколько ему сейчас лет?
2. В какой семье он родился?
3. Почему дарханы отвечали за многое в жизни деревни?
4. Почему Даши должен был уехать в интернат?
5. Кто предсказал Даши большое будущее? А вы верите в предсказания?
6. Где учился Даши после интерната?
7. Кем работал Даши после окончания института? Почему?
8. Когда Даши Намдаков стал известным? Где можно увидеть работы художника?
9. Какую премию в кино получил Даши?
10. Что говорят людям скульптуры Намдакова?
11. О чём художник мечтал в детстве и о чём мечтает сейчас?
12. Как Даши работает над своими скульптурами?
13. Почему Даши может заниматься некоммерческими работами, делать то, что ему нравится?
14. Почему Даши Намдаков считает себя счастливым человеком? Вы согласны с ним?
15. Что Даши думает об удаче в своей жизни?
16. Где сейчас живёт Намдаков? Почему?
17. Какими экспериментами, где и с кем занимается скульптор?
18. Каким видом искусства сейчас занимается Даши?
19. Как вы думаете, какие факторы влияют на успех художника? Что важнее для художника: труд, удача, талант или образование?
20. Понравились ли вам работы Даши Намдакова? Хотели бы вы побывать на его выставке?

Даши Намдаков «Свет Шамбалы». 2009, бумага, уголь
https://dashi-art.com/gallery/graphics/light-of-shambala

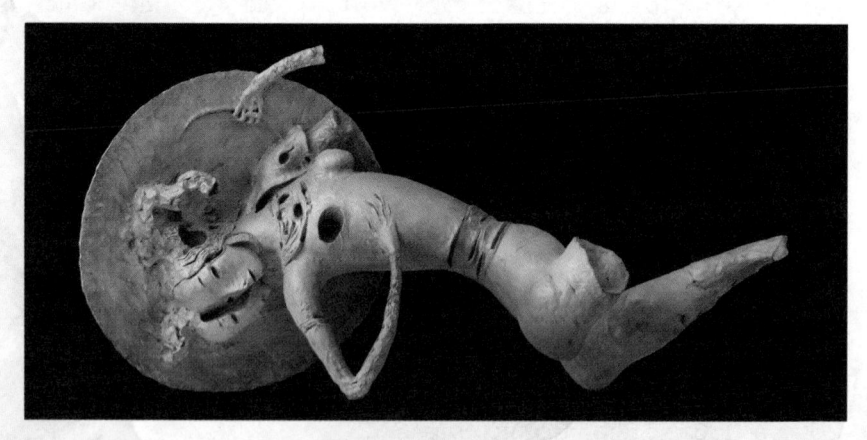

Даши Намдаков «Спящая амазонка». 2018, бронза
https://dashi-art.com/gallery/sculptures/sleeping_amazon

ТЕХНОЛОГИИ – НОВАЯ РЕЛИГИЯ НАШЕГО ВРЕМЕНИ

Recycle Group, или «Группа по переработке», проще говоря, — это вообще-то русские художники из **Краснодарского края,** причём совсем молодые. Арт-группа возникла в 2007 году, когда Андрей Блохин и Георгий Кузнецов, как только окончили университет, объединили творческие усилия под именем «Recycle». С тех пор ребята здорово выросли, успели принять участие в десятках выставок по всему миру: Париж, Лондон, Милан, Рим, Берлин и, конечно же, Москва. В 2017 году они представляли Россию на 57-й **Венецианской биеннале.**

Название проекта появилось в 2008 году, после первой персональной экспозиции Блохина и Кузнецова в московском центре «МАРС». Ту выставку художники назвали «проектом Recycle» — экспонаты были сделаны из полиэтилена, винила, пластика и других материалов, которые ждёт вторичная переработка. Со временем художники освоили и другие

Recycle Group «Geolocation». 2019 http://recycleartgroup.com/works/#/geolocation

направления: от дополненной реальности до нейронных сетей. В 2010 году лауреаты **премии Кандинского**. Группа вошла в первую десятку рейтинга топ-100 молодых художников России в 2017 году (https://artandyou.ru/context/inart_top_100/). В 2017–2020 годах арт-группа вошла в Российский инвестиционный художественный рейтинг 49ART, который представляет лучших современных художников в возрасте до 50 лет.

Один из главных тезисов в искусстве Recycle Group — проблемы экологии, которые в современном мире встают особенно остро, и они поднимают эти вопросы с помощью скульптур из пластика, полиуретана и эпоксидной смолы.

Второй тезис — конечность человеческого мышления и, в общем-то, его ограниченность: когда люди развивают технологии, всё больше погружаются в мир виртуальных реальностей, сверхмощных сетей и ультратонких смартфонов, они забывают о том, что всё это — не более чем фантик, который рано или поздно придется развернуть. А что под ним?

Мусорные баки, многочисленные композиции, в которых люди стоят на коленях перед гаджетами и соцсетями, молятся им — всё это о том, какими становятся люди, когда заменяют один **опиум для народа** другим, ещё более сильным. Технологии — новая религия нашего времени, — говорит Recycle Group, — и нам трудно с этим поспорить.

В эпохи Античности и Средневековья люди исследовали себя так же глубоко, как и мир вокруг. Открытия, изобретения, фантастические теории — всё это служило познанию мира.

Современный мир — не про познание, а про потребление, — говорит Recycle Group. Именно поэтому конец света уже наступил: он наступил прежде всего у нас в головах.

И именно поэтому искусство Recycle Group часто представляет собой такой острый, нервный и страстный синтез классики и современности, в нём максимально эмоциональный и немного политизированный взгляд на жизнь.

Использование известных образов в новом, необычном контексте — это возможность задуматься, насколько далеко мы, современные люди, ушли в развитии от своих предшественников, было ли это развитие, и, если да, то насколько оно пошло нам на пользу?..

В своих работах художники рассуждают о возможности взаимодействия естественного интеллекта людей и искусственного интеллекта машин: зрителя фактически ставят на место программы, алгоритма, который считывает информацию об окружающем мире.

Проект BLOCKED CONTENT (Заблокированный контент)

В этом произведении, которое художники впервые представили на Венецианской биеннале – 2017, они рассуждают том, что может представлять собой смерть в цифровом пространстве, где биологической смерти уже нет. Вечную виртуальную жизнь получают только правильные пользователи Сети, в то время как неправильные блокируются машиной. Спамеров, **самозванцев**, **сквернословов** и агрессивных торговцев товарами и услугами ждёт вечная жизнь в виртуальном аду, информационная пустота, белый шум без лайков и репостов. Они не имеют права измениться к лучшему – алгоритм распознаёт нарушение и навсегда блокирует профиль.

Увидеть фигуры людей внутри этих массивов зритель может только через механизм дополненной реальности. Для этого требуется загрузить приложение Recycle Group.

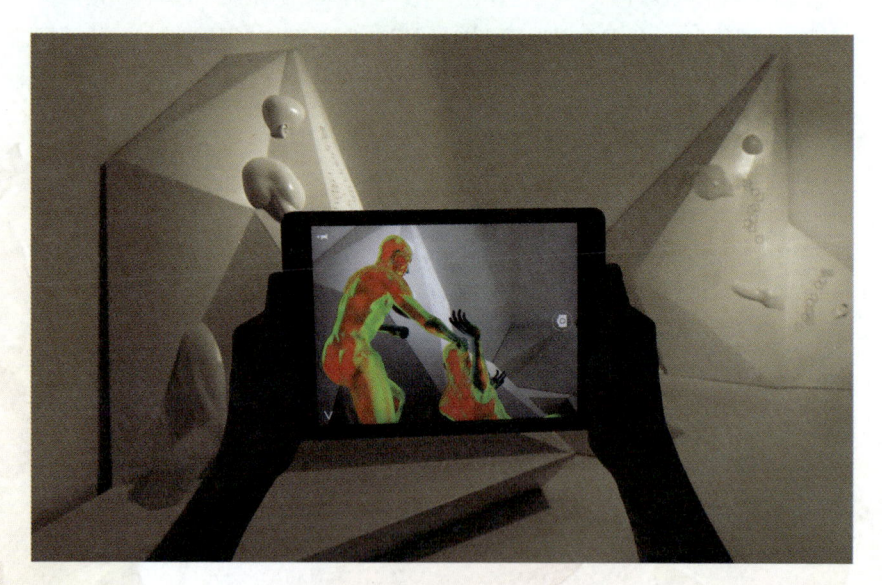

Recycle Group. Скульптуры из проекта BLOCKED CONTENT. 2017
http://recycleartgroup.com/exhibitions/blocked_content/#/17

«Гюстав Доре. Данте и Вергилий в девятом круге ада».
https://get.wallhere.com/photo/drawing-painting-black-monochrome-statue-Gustave-Dor-classic-art-Dante's-Inferno-monument-The-Divine-Comedy-Dante-Alighieri-ART-photograph-image-black-and-white-monochrome-photography-195496.jpg

Виртуальный ад, который создали художники, визуально отсылает к классическому образу ада в «Божественной комедии» Данте Алигьери. Поэт поместил предателей и обманщиков всех видов на вечные муки в девятый круг ада в ледяное озеро. Когда грешники во льду плачут, количество льда в озере увеличивается и увеличивается. Такая ссылка на «Божественную комедию» в работе Recycle Group ставит на первый план вопрос о новой морали. В самом деле, новые реалии современной жизни требуют переработки – опять переработки – старых этических принципов, нужно понимать, что в мире соцсетей можно, а что нельзя.

Идея художников также состоит и в том, чтобы показать иллюстрацию к новой этике через систему художественных образов. Великий Данте сравнил себя когда-то с Богом-

Творцом, который судил грешников, а сегодня в этой роли, по мнению Recycle Group, выступает искусственный интеллект.

Контейнеры / саркофаги

Эта экспозиция представляет собой синтез материального и духовного миров внутри саркофагов. Саркофаг – место, где душа оставляет тело и переходит в новую вечную жизнь. Когда предметы попадают в мусорный бак, они тоже получают новую жизнь в цикле переработки. Промышленные объекты, которые проходят процесс художественной переработки, становятся произведениями искусства и таким образом тоже получают вечную жизнь.

В конце лета – начале осени 2021 года в петербургском Манеже прошла выставка Recycle Group. Она рассказывает о важных феноменах XXI века: виртуальной реальности,

https://img-fotki.yandex.ru/get/372697/119796075.1e6/0_10d96e_7664fb 22_XXL.jpg

https://www.yuga.ru/media/09/2b/mih_8205__uqpcdjd.jpg

трансформации личности под влиянием новых технологий, общей жизни людей и машин. В результате, авторы обращаются к проблеме искусственности: чем тёмный лес на втором этаже выставочного комплекса отличается от настоящего леса и как отличить копию от оригинала?

Андрей Блохин, художник, участник Recycle Group:

— Очень благодарны Манежу: мы вместе работали несколько лет, это самый большой проект, который мы делали. Это выставка про сейчас и про завтра, про нашу жизнь и про этику, про взаимодействие человека с машиной.

По материалам сайтов: http://recycleartgroup.com https://izi.travel/ru/9f8a-new-nature-personalnaya-vystavka-recycle-group/ru# https://paperpaper.ru/v-manezhe-otkryli-personalnuyu-vyst/ https://zen.yandex.ru/media/strannoeiskusstvo/apokalipsis-uje-nastupil-hudojniki-iz-recycle-group-govoriat-chto-my-ego-prosto-ne-zametili-5f4000554ef00e23abd3b77d

Выставка Recycle Group New Nature. ЦВЗ «Манеж», Санкт-Петербург
https://cdn.spbdnevnik.ru/uploads/block/image/552841/__large_32-210715-a6e12fd8f2.jpg.jpg

https://paperpaper.ru/wp-content/uploads/2021/07/obl-5.jpg

78 • Как стать успешным и счастливым: новые русские истории

Комментарии:

- **Краснодарский край** — регион на юге России
- **премия Кандинского** — российская ежегодная национальная **премия** в области современного искусства, учреждена в 2007 году Международным культурным фондом BREUS Foundation (ранее «Артхроника»). Согласно мировой практике, названа именем выдающегося художника и теоретика искусства Василия Васильевича **Кандинского**.
- **Венецианская биеннале** (итал. **Biennale di Venezia**) — один из самых известных форумов мирового искусства, международная художественная выставка, которая проходит раз в два года с участием международного жюри.
- **опиум для народа = религия**, эту фразу впервые сказал идеолог христианского социализма англиканский священник Чарльз Кингсли, фраза стала широко известной благодаря Карлу Марксу, который использовал её в работе «К критике гегелевской философии права» (1843).
- **сквернослов** — человек, который грубо ругается
- **самозванец** — человек, который выдаёт себя за другого
- **Творец** — Бог, который сотворил, создал, сделал наш мир; также о талантливых людях, которые создают новое

Вопросы:

1. Кто входит в Recycle Group?
2. Почему первая выставка художников называлась «Проект Recycle»?
3. Какие направления выбрали для себя художники проекта?
4. О каких проблемах современного мира говорят художники?
5. Что художники называют религией нового времени?
6. Кто в проекте Blocked Content получает место в виртуальном аду? Кого бы ещё вы поместили туда?

Recycle Group «Присутствие». ЦВЗ «Манеж», Санкт-Петербург
https://www.elledecoration.ru/news/art/new-nature-vystavka-issledovanie-cheloveka-virtualnogo-ot-recycle-group/

7. Какое классическое литературное произведение вдохновило художников на проект Blocked Content?

8. В чём, по мнению художников, заключается проблема искусственности?

9. Как человек может взаимодействовать с машиной?

10. Почему проблемы экологии стали важной темой в искусстве?

11. Что общего между саркофагом и мусорным баком, по мнению авторов проекта?

12. Какие проблемы интересуют художников? Какое значение играет для них переработка?

13. У кого из художников, о которых вы прочитали в этой книге, есть идеи, похожие на идеи Recycle Group?

14. Как, по-вашему, изменилось искусство с появлением современных технологий?

15. О чём рассказывают работы на выставке в петербургском Манеже? Про что она?

16. Вы хотели бы побывать на выставке Recycle Group?

КАК ОПРЕДЕЛИТЬ, КАКОЙ ХУДОЖНИК САМЫЙ ЛУЧШИЙ?

Конечно, очень важен ваш личный вкус. А рейтинги? Как работают разные рейтинги? Давайте в конце нашей книги познакомимся, как составляется рейтинг топ-100 российских современных художников, которые ещё живы. С помощью математической модели и методик, которые разработало Национальное рейтинговое агентство (НРА), компьютерная программа проанализировала данные более 800 художников. Для оценки использовалось 37 критериев.

Для уже известных авторов (степень важности сверху вниз):
- персональные музейные выставки
- работы в коллекциях зарубежных и российских музеев
- участие в аукционах (частота, количество проданных работ)
- самая высокая публичная цена, за которую была продана работа автора
- участие в Венецианской биеннале
- участие в топ-зарубежных биеннале

Для молодых авторов (степень важности сверху вниз):
- сотрудничество с галереями, регулярность выставок (не реже 1 раза в 2 года)
- персональные музейные выставки в России и за рубежом
- работы в коллекциях зарубежных и российских музеев
- участие в аукционах (частота, количество проданных работ)
- участие в Венецианской биеннале
- частота упоминаний в прессе

Использованные изображения

1. https://artifex.ru/wp-content/uploads/2017/12/Поплавская.jpg
2. https://content.foto.my.mail.ru/mail/ottofotto/503/h-529.jpg
3. https://khankhalaev.com
4. http://2.bp.blogspot.com/-aHx9iMsFeBA/VpiZY_-tyvI/AAAAAAAARAs/u3YYWtMagyA/s1600/DSCF0383.JPG
5. https://fb.ru/misc/i/gallery/102597/2795493.jpg
6. https://www.vertro.ru/wp-content/uploads/2019/02/mgahi-im.-v.-i.-surikova-moskva-e1550670368220.jpg
7. https://www.ridus.ru/news/16584
8. https://www.freeshows.ru/i/news/img20190503_032.jpg
9. https://finparty.ru/upload/iblock/0ff/0ff7faa31cf95f2316e4eb22381f2eaf.jpg
10. https://artifex.ru/wp-content/uploads/2015/09/Художники_Саша-Пастернак-и-Антон-Тотибадзе.jpg
11. https://pbs.twimg.com/media/ECfHVToW4AADfxa.jpg
12. http://www.winzavod.ru/upload/iblock/6e1/gmn6818.jpg
13. https://3.bp.blogspot.com/-vv2xqKAu6hs/WMhlu7tga6I/AAAAAAAABHE/5rAfN5PkwesOynIp4EX7ryO13cjcyTbEgCLcB/s1600/gorkyparkgarage-pano.jpg
14. https://iconaperm.ru/wp-content/gallery/d180d0bed181d0bfd0b8d181d18c-d185d180d0b0d0bcd0bed0b2/DSC07419.jpg
15. https://fishki.net/1678380-dashi-namdakov.html/gallery-2473613/
16. http://russos.ru/img/ind/bronza/bronza-11.jpg
17. http://1.bp.blogspot.com/-jpGfdF_50J8/U4dk4OtlQqI/AAAAAAAAFkw/ihasxaRNhOs/s1600/566.JPG
18. https://www.fondazioneberengo.org/wp-content/uploads/2020/07/Recycle-Group-in-Berengo-Studio-scaled.jpg

СОДЕРЖАНИЕ

«Творчество — это эйфория» ... 4

Степные истории бурятского художника
Зорикто Доржиева ... 16

Художница из семьи поэтов ... 25

Мир без людей Антона Кушаева ... 39

Даши Намдаков ... 55

Технологии — новая религия нашего времени ... 71

Как определить, какой художник
самый лучший? ... 81

Использованные изображения ... 82

ВЫ МОЖЕТЕ ПРИОБРЕСТИ ЭЛЕКТРОННЫЕ ВЕРСИИ НАШИХ КНИГ В ИНТЕРНЕТ-МАГАЗИНАХ И В ЭЛЕКТРОННЫХ БИБЛИОТЕКАХ:

Платформа электронных учебников «Златоуст»: http://rki.zlat.spb.ru
«ЛитРес»: http://www.litres.ru/zlatoust
IPR MEDIA: https://www.ros-edu.ru
«Айбукс»: http://ibooks.ru
«Инфра-М»: http://znanium.com
«Интеракт»: LearnRussian.com, amazon.com, book.megacom.kz, book.beeline.am, book.beeline.kz
РА «Директ-Медиа»: http://www.directmedia.ru
Amazon: www.amazon.com
ООО «ЛАНЬ-Трейд»: http://e.lanbook.com, http://globalf5.com
ОАО ЦКБ «БИБКОМ»: www.ckbib.ru/publishers

Форматы:
Для ридеров: fb2, ePub, ios.ePub, pdf A6, mobi (Kindle), lrf
Для компьютера: txt.zip, rtf, pdf A4, html.zip,
Для телефона: txt, java

КНИЖНЫЕ ИНТЕРНЕТ-МАГАЗИНЫ:

«Златоуст»: https://zlatoust.store/
    Тел.: +7 (812) 703-11-78
    Часы работы офиса: понедельник — пятница: с 10:00 до 19:00.
OZON.RU: http://www.ozon.ru
«Читай-Город»: www.chitai-gorod.ru
«Wildberries»: www.wildberries.ru
Интернет-магазин Books.ru: http://www.books.ru; e-mail: help@books.ru
    Тел.: Москва +7(495) 638-53-05, Санкт-Петербург +7 (812) 380-50-06
BookStreet: http://www.bookstreet.ru
    Тел.: +7 (812) 326-01-27, 326-01-28,
Санкт-Петербург. В.О. Средний проспект, д. 4, здание института «Гипроцемент».
    Часы работы офиса: понедельник — пятница: с 9:00 до 18:30.